炎上CMでよみとく
ジェンダー論

瀬地山 角

光文社新書

炎上CMでよみとくジェンダー論　目次

編集協力／鈴木靖子
図表制作／デザインプレイス・デマンド

序章――なぜＣＭは炎上するのか

ここ数年、企業のCMや自治体のPR動画が炎上し、メディアに取り上げられることが増えています。その背景にやはりインターネット、SNSの普及があるのは間違いありません。昔はテレビを見ていなければCMと接することはなく、問題となったCMを見て録画すること自体が難しかったのに対し、いまは誰でも動画にアクセスでき、くりかえし見ることができるようになりました。

CMや動画を見て抱いた不快感も表明しやすくなりましたし、その不快感に対して賛同や共感を集めるしかけもネット上に生まれています。一人の不快感や嫌悪感、疑問はネットを介することであっという間に広がり、企業や自治体も無視できない大きな声となります。

炎上したCMにも賛否あり、私自身、見ていて「ユーモアとしてアリなんじゃないか」と思うものも少なくありません。表現物は受け手によって反応は分かれるものなので当然なのですが、なかには看過できないものもあります。

さらに私の場合、そうしたCMが話題になるたびに、新聞、雑誌などさまざまなメディアから取材の依頼がくるようになりました。「このCMが批判の的になっているが、どう思うか？　そしてなぜか？」というものです。あまりに急で応じられないときも多いのですが、「またか」と思いながらいくつも対応しているうちに、どうやらパターンがあることが見えてきました。

最近では案件がくるたびに「あ、これはあのパターン」と頭で勝手に分類をして、コメントをするようになりました。そんな経験をベースにしながらジェンダーの視点から批判を受けたCMについて考えてみようと思います。

なぜCMは炎上するのか。それは不快だと思う人たちがいるからです。でもこれではなんの説明にもなっていませんね。試験に合格しなかった理由を聞かれて、「点数が足りなかったから」と答えているようなものです。企業は当然炎上したくてCMを作っているわけではなく、お金をかけてターゲットを分析し、その層にあうものをと考えて打ち出す。ところが残念ながら企業イメージを毀損しかねないような批判を食らうことすらある。なぜこんなことが起きるのかを訴求層やメッセージの内容を踏まえ、もう少し要因に分けて考えていきます。治部れんげの『炎上しない企業情報発信』[1]と同様に、企業の方にも読んでいただきたいと思いますが、それより少し広い読者を想定して議論を展開していきます。入り口はCMですが、ジェンダー論の入門書になるよう意識しています。

序章ではまず、私が問題と感じたCMとその問題を上手にクリアしたと思ったCMを対比して紹介します。そして各章につながる分析の軸を提示し、各章がどのような関係にあるのかを示すことにします。

ネットから消えた味の素のＣＭ

私が問題だと思ったＣＭのひとつが、２０１２年に制作された味の素の企業ＣＭ『日本のお母さん』です。[2] ある家庭のお母さんの一日が同名のオリジナルソングにのせて描かれます。当時、大きな話題にもなりましたのでご存じの方も多いかと思いますが、この動画は現在、味の素の公式サイトからは削除されていて簡単には見られなくなっています。少々、長くなりますが、歌詞とあわせて見ていきましょう。♪のある行がＣＭの歌詞、その次にあるのは映像の説明です。

♪毎日毎日　ごはんをつくる
目覚ましが鳴り、飛び起きるお母さん　台所で朝ごはんとお弁当の準備

♪何十万年も　お母さんが　続けてきたこと

画面はセピア色のアニメーションに変わり　背景には火山が噴火している石器時代
焚き火でお母さんがお肉を焼いていて、ふたりの子どもたちが待ちかねています

場面は現代へと戻り、朝ごはんのシーン「いただきまーす!」と子どもたち
洗濯物を干しながら「ちゃんと食べてる～?」と声をかけるお母さん
子どもたちが「食べてる～♪」と元気に答えます

♪誰に決められるわけでもなく　ごはんをつくる
子ども部屋でお父さんとお母さんが子どもたちの着替えをお手伝い

♪何十億人もの　お母さんが　続けてきたこと
スーツ姿のお母さんが子どもをふたり、自転車に乗せ、保育園へ
電車でつり革につかまりながら、大きなあくびをします
仕事の打ち合わせ中でしょうか、腕時計を見るとちょうど12時
子どもたちはお弁当を前に「いただきます!」。ふたをあければ、かわいらしいキャラ弁

仕事中のお母さんもふと微笑(ほほえ)みます

♪ひとつひとつの　ごはんを　受けついで
場面はここで白黒に
絣の着物に姉さんかぶり姿でかまどに息を吹く母親
大きなおにぎりを頬張る子どもたちの映像がここで差し込まれます

♪わたしたちは　生きている
夕方、自転車で立ちこぎしながら坂道を上るお母さん
保育園へお迎えにいき、スーパーへ。カートを引きながらダッシュでお買い物です
台所で夕飯の準備。お姉ちゃんはお手伝い。弟はお母さんの足元から離れません

♪そんな今も　どこかで
フライパンに流し込まれるタマゴ
画面はセピア色に変わり、昭和40年代くらいの風景でしょうか

玄関先で七輪をあおぐお母さんと子どもたちの姿が映ります
♪お母さんが　ごはんをつくっている
♪ただ　あなたの幸せを　願いながら
夕食を頬張る子どもたち。お母さんは「おいしい?」と聞き、子どもがうなずくのを見て、
満足そうに笑顔を見せます

ナレーション「あなたは　あなたの　食べたもので、できている」

このCMの制作意図について、味の素は2012年11月13日発表の広報リリースでこう説明をしています。

ずっと昔から、たくさんのお母さんがわが子を想い、毎日ごはんを作り続けてきました。
そのひとつひとつのごはんのおかげで、今、わたしたちは生きています。

わたしたちの心と体、そして未来をつくりあげているのは、こうした愛情たっぷりの日々の営み。

だから、このCMを通じて味の素KKは〝ごはんをつくる〟あなたへ「ありがとう」と「エール」を送ります。

そして、毎日〝ごはんをつくる〟あなたを、これからもずっと応援し続けたいと思っています。

『日本のお母さん』の何が問題なのか

このCM、「涙が出てくる」といった感動の声もあったようですが……ツッコミどころ満載です。私は講義や講演で、よくこのCMを見てもらうのですが、「そのまま見ていたら、何も思わないかもしれませんが、僕が止めて解説すると笑いが起きるので、見てててください」といいながら説明します。

まず止めるポイント①、石器時代の箇所です。お母さんが肉を焼いていて、ふたりの子どもがよだれを垂らして待っているのですが、「こんな証拠どこにあるんですか？　壁画かなんかにあったんですか？」。しかもお母さんと子どもふたり。こんな時代に母子家庭ですか？この肉は誰が獲ってきたんでしょう？　なぜお父さんはそこにいないの？　残業中？

石器時代に肉にケースに入った調味料をかけているのは「ありえないよなあ」と思いますが、それはまぁ、味の素としては欠かせない要素なのだろうと失笑ですませましょう。「この時代の石器で、肉があんなにすぱっと切れるわけがない」と指摘してくれた学生さんもいました。注目するのそこか？

いずれにせよ石器時代に母親だけがごはんを作っていたなんて証拠は、どこにもありません。この時期の家族が核家族であることは考えがたく、もしそうなっていたら災害などかなり特殊な状況であるはずです。そもそも子どもが「子ども」と認識され、労働力から教育を受ける存在へと変わっていったのは近代以降の話であり、女性も子どもも狩猟採集経済にあっては貴重な労働力です。

実はこれ、「何十万年もお母さんがごはんを作ってきた」という歴史的には明らかなウソをつき通すためのねつ造された証拠物件。日本の高度成長期に普及した家族像を石器時代に投影しただけです。

ポイント②は子どもたちの「いただきます！」のところです。よく見ると画面の後ろにパジャマ姿のお父さんがソファーに座りながらノートパソコンをいじっているのがぼんやりと映っているのです。ピントは子どもたちに合っているので、ぼやっとしているのですが、お父さんにレーザーポインターを合わせて、「後方に見える『亡霊』の姿に注意してください。その後の『亡霊』の動きとともに、です」というと、だいたい爆笑が起こります。

保育所に送る朝は、時間との戦いです。どうして家事に関わることなく、パソコンをいじっていられるのか？　よっぽど仕事が忙しいのでしょうね。

私はこのお母さんが朝起きて、朝食とお弁当を作り洗濯物を干し……というところまで見て、専業主婦なのだろうと思っていました。ところが、続きを見て驚きました。グレーの地味なスーツに着替え、自転車で子どもを保育園まで送り、電車に揺られ、つり革につかまりながらあくびをしつつ会社に通勤しているのです。

次に子どもたちが保育園でお弁当を食べるシーンが出てくるのですが、ここがポイント③。お母さんが早起きして作ったお弁当は、なんとキャラ弁です。制作サイドはご存じなかったのでしょうか？　「どこの保育園にお弁当がありますねん？」

残念ながら保育園は原則、給食です。私はキャンパスにある保育所に子どもを預けていたので送り迎えを10年やり、さらに20年以上その運営・経営にも関わっていますが[3]、保育園にキャラ弁を作ってきた親というのは見たことがありません。認定こども園でも、保育所部分は給食。ひょっとすると幼稚園の延長保育だといいたいのかもしれませんが、親は働いているんです。朝はそんなにヒマではありません。

この女性、仕事が終わると、子どもたちのお迎えに行き、買い物をして、夕食の支度をして、子どもたちに食べさせて……。時短就労をされているのかもしれませんが、こんな生活が「♪毎日毎日」続くようでは、過労で倒れてしまうのではないかと心配になってきます。

くわえて、気になるのは「亡霊」のその後です。出勤前に、子どもの着替えの手伝いをする場面が、ワンカット入っているのですが、夕食時にその姿はありません。夕食はお母さんと子どもふたりだけ。ここがポイント④。

『亡霊』いなくなりましたね。ここは母子家庭で、母子家庭のお母さんを応援するっていうCMなんでしょうね」。ここもまた、必ずウケがとれる箇所です。

「何十万年も前から」＝いつの時代も、「何十億人の」＝どんな国でも、ずーっとお母さんがごはんを作ってきたという誤解を与え、性役割分業意識を強化しようとするから問題視されるのです。

このCM、二つの観点から問題を掘り下げてみようと思います。一つは本書でくりかえし出てくるジェンダーとの関連で、ごはんを作るのがお母さんだという点。もう一つは手作り信仰を生み出す「食育」との関連です。

ごはんを作るのは「お母さん」なのか？

日本において、食事作りは女中や娘、嫁やおばあちゃんなど、圧倒的に女性の役割だったのは確かですが、「お母さん」だけではありませんでした。またすでに江戸時代の下級武士が自炊をしていたことが、当時の日記から明らかになっています。[4]

「何十億人もの」お母さんが、というのも過剰な強調のしかたに思われます。たとえば、中国。意外に思われるかもしれませんが、中国では男性の家事参加が進んでいます。都市部の子育て世代の夫婦は多くが共働きです。ちょうど彼らは一人っ子政策の第二世代にあたり、親も一人っ子。孫1人に対し4人の祖父母がいますから、子どもと一緒にどちらかの親のところに行って食事をすませる家庭が多いのです。

しかも、その食事を作っているのが、おじいちゃんだったりもする。中国のこの世代の男性は、文化大革命のころに訓練されているので基本的に料理ができる人が多いのです。同世代の日本人——団塊の世代の男性とは大きく違います。

日本において、「母親がごはんを作る」のが全国的に広がるのが、この団塊の世代から。後述しますが、高度経済成長期、サラリーマン×専業主婦という組み合わせが全国に増えていったことがきっかけとなりました。つまり、「母親がごはんを作る」のは、たかだかここ半世紀程度の話ですし、めいっぱいさかのぼっても大正時代の大都市部。詳しくは拙著を読んでいただきたいのですが、この時期に日本で「主婦が誕生」したのです。

ちなみに私の息子（当時小学生）に味の素のCM見せて、「どう思う？」と聞いたところ、「ヘン」と一言。「どうして？」と聞いてみると、「うちはパパだから」といっていました。ちなみに彼は中学生になると、土曜の部活のときのお弁当は早起きをして自分で作って出て行くようになりました。感激しました。

話を戻しましょう。この味の素のCMは、こうした歴史的経緯を無視し、育児も含め家事は母親の仕事だと描き出し、性役割分業をまったく疑問視することなく肯定する、という意味で性差別的といわざるをえません。ということで、当時、私は味の素のお客様相談室にメールで抗議をしました。すると、返ってきた回答は以下のようなものでした。

固定的な性役割分業を肯定したり、助長したりするような影響は無いように留意し、父親が子どもの着替えを手伝う場面を入れて制作しましたが、母親が主人公のストーリーのため、お客様のご指摘通り父親を前面に出す演出にはなっておりません。（傍点筆者）

家事や育児は共有し、分担するものであり、どちらかがどちらかを「手伝う」ものではありません。「手伝う」というスタンスでよいのは子どもだけ。父親が家事・育児を「手伝う」という意識でいること自体をさして、固定的性役割分業と呼ぶのです。味の素からの回答は、手伝っているのは子どもの着替え（＝家事を手伝っているわけではない）とも読めますが、だとしたら、この父親は家事をまったくしていないことになります。いずれにせよ、論外の回答です。味の素はワークライフバランスなどの領域で、先進的な取り組みをしている会社なのですが、こんなメッセージを平気で出せる感覚は理解できません。このことを指摘するメールを再度、送ったのですが返事はありませんでした。

余談ですが、YouTubeなどの動画サイトには、過去のさまざまな会社のＣＭが上がっており、多くの場合「放置」されています。お金をかけて作った自社のＣＭを勝手に拡散してくれるのですから、「著作権」を理由にいちいち削除したりしないのでしょう。ところがここで話題にしている味の素のCM『日本のお母さん』はYouTubeで見つかりません（2020年4月現在、ニコニコ動画にはありました）。ほかにも炎上や批判の的となったCMの多くが、ネット空間から見事に消去されています。蒸し返されるのがいやなのでしょうね。

ご記憶にある方がいるかどうか。1975年にハウス食品の「シャンメン」というインスタントラーメンのCMがありました。若い女性と女の子が自らを指差し、「私、作る人」といい、男性が「僕、食べる人」というCMです。このCMについては、市川房枝も参加する「国際婦人年をきっかけとして行動を起こす女たちの会」が、不買運動をも辞さない態度で猛抗議。1か月ほどでCMの放送は中止されました。私はそのとき小学校6年生。母親からどうして問題になるかわかるかと聞かれて、「料理をするのは女性と決めつけてるから」と答えたのを鮮明に覚えています。

当時はインスタントラーメンですら女性が作るという時代だったわけですが、そこから半世紀近く経ってこの味の素なわけです。女性の社会進出は進んだものの、男性の家事参加は進まず、結局、女性は「家事も仕事も」という「二重負担」を課せられるようになった。このように解釈せざるをえません。

１章で具体的に解説しますが、炎上するＣＭの中には日本社会の母親に対する性役割規範を前提とした上で、そんな「お母さんを支え、応援する」というメッセージを込めたＣＭが少なくありません。しかし専業主婦世帯が減少し、共働き世帯がその２倍以上になる中、こうした感覚にリアリティを持つ人は減少しているはずです。

「家事も仕事も」という状況を楽しみ、多忙な毎日を生き生きと過ごしている方もいるでしょう。しかし、一方で肉体的にも精神的にも負担に感じている女性も少なくない。ＣＭで共感し、応援しているつもりなのでしょうが、応援しているターゲット層が必ずしもマジョリティではなくなっている。この変化に制作サイドはそろそろ、気づくべきではないでしょうか。

このＣＭの最後に「あなたはあなたが食べたものでできている」というナレーションが出てきます。味の素の商品を食べると、あんな世界に住むことになるのかと思うとおそろしくなり、それ以来私は味の素の商品を一切買わないようにしています。ついでにスーパーのひと言カードに「Cook Do は味が子ども向けで、家族に不評です。他社のもお願いします」と書いたりして、「ひとりボイコット」を楽しんでいます。夏の講演でアイスコーヒーにブレンディ（これも味の素）を出されてしまったときには、「すみません、ちょっとブレンディは思想信条の関係上、口にできないものでして……」。関西の友人なら即座に、「おまえどこの新興宗教やねん?」とツッコミを入れてくれそうです。

「食育」とお母さんの手作り料理信仰

もうひとつ、味の素のCMで感じるのが奇妙な「手作り信仰」です。ウェブサイトでも「わたしたちの心と体、そして未来をつくりあげているのは、こうした愛情たっぷりの日々の営み」と謳っているように、「母の愛=手作り料理」と強調しています。

この手作り信仰の誕生は、高度成長期とその後の変化に関係があります。岩村暢子の一連の研究[6]で明らかになるように、カレーライスやハンバーグやスパゲッティが、日本の食卓に上がるようになったのは戦後の高度成長期。ちょうど主婦というライフスタイルが全国に広まり、大量に誕生した時期であり、団塊の世代の女性たちはこうした新しい料理を作るようになります。ところがそのひと世代前となると、実は戦争のため、庶民の料理というのは大変質素なものでした。日本の食の「伝統」というのは、案外内実のないものなのです。

手作り信仰は、団塊の次の世代になったときに、食に関するサービスが多様化し、女性の社会進出が進み、外食やファストフードや冷凍食品の利用頻度が高くなってきたときに、それとの対比の中で生まれてくる発想です。「食育」なんていうヘンな言葉があるのは日本だけ。これは英語にも中国語にも韓国語にも訳せません。

2005年に食育基本法が制定された背景には、食にまつわる問題を個人レベルのものではなく、社会全体の問題として捉えるべきだ、という問題意識がありました。具体的には「食を大切にする心の欠如」「栄養バランスの偏った食事や不規則な食事の増加」『食』の海外への依存」「伝統ある食文化の喪失」などがあげられています。[7]

もちろん、食べ物を大切にすること、健康に配慮した食生活は大事でしょう。しかし、何をもって健全な食といいたいのでしょう？ 塩分摂取量を抑える取り組みならわかります。和食は味噌汁を加えた時点でそもそも塩分の取りすぎです。その意味では「伝統ある食文化」の「喪失」を嘆くのではなく、むしろ変えていく必要があるはずです。

海外への依存の何がいけないのでしょうか？ 台湾の屋台料理や韓国の汁物（カルビ湯など）を食べ慣れて帰ると、日本（特に関東を含む東日本）の食の塩味のきつさにうんざりします。イタリアンやタイ料理はいけないとでもいうのでしょうか？

「伝統ある食文化の喪失」、これは歴史的に見てかなり無理のある議論です。第三次食育推進基本計画（2016年）には、左記のような文章が出てきます。

> 戦後は、この食文化を生かし和食の基本形である一汁三菜の献立をベースに、畜産物や乳製品等も取り入れ、主食・主菜・副菜のそろう栄養バランスに優れた「日本型食生活」が構築され、国民の平均寿命の急上昇にもつながった。（略）国民のライフスタイル、価値観、ニーズが多様化する中で、（略）栄養バランスに優れた日本型食生活や、家庭や地域において継承されてきた特色ある食文化や豊かな味覚が失われつつある

これはひとことでいえば、高度成長期の専業主婦が作り上げた食事の体系へのノスタルジーです。日本型の食生活といえば一汁三菜（いちじゅうさんさい）の献立（こんだて）がベースとなった「和食」なんだから、それを守りなさい、というのですが……。

こうした点について、野田潤が興味深い指摘をしています。「和食」のベースが一汁三菜の献立だという基本法の指摘について、「そもそも数百年単位で巨視的に見ると、『和食』はそれほど『崩壊』しているともいいがたい」。日本の庶民の日常食が「めし＋汁＋おかず（1品）」だったとした上で、次のように記しています。

> 「めし＋汁＋何でもいいからおかず」というパターンがここ数百年の日本の庶民の日常食に見られる特徴的な形だとすれば、そのパターンは現在でもつづいているのだ。（略）
> 実は、「一汁三菜」のハイレベルな和食作りがすべての家庭で日常的に要求される状況こそが、むしろ日本の歴史の中では極めて特殊な事態といえる。現代の家族が「きちんとした和食」を食べていないという言説は、その特異な一時期の状況を過度に普遍化させてとらえている可能性がある。[8]（傍点原文）

「一汁三菜」の過剰な強調はそもそも無理があるのです。一汁三菜は日本食の標準的な食事スタイルではなく、裕福な層や、儀礼的な料理のときの献立にすぎません。ごはんに味噌汁、それにめざしでもあれば御の字。それが日本の一般庶民の「伝統的な」献立だった。おかずはめざしだけでいいというつもりはもちろんありません。ただ「食育」なんて言葉ができた２０００年代以降、和食文化＝一汁三菜を守ろうという動きがあり、そこに、「（お母さんの）手作り料理が愛情の証」という不可解な価値観がのっかり、女性の負担を大きくさせていることは確かだと思います。

総務省の「社会生活基本調査」（２０１６年）によると、家事労働時間は圧倒的に女性が長いわけですが、男女差がもっとも大きいのが「食事の管理」です。女性が1日1時間28分なのに対し、男性はたったの12分です。食を強調すると女性にばかり負担がいくことになりかねません。

またそもそも、食が母親の愛情の証明のように捉えられていることもおかしいといわざるをえません。専業主婦が多い韓国でもこんなことはいいません。韓国の場合は、子どもの教育が母親にとってもっとも大切な仕事になるため、高学歴の主婦は子どもの受験のマネジメントに専念し、食事は通いのおばさんに任せたりします。[9]

別に外食したっていいし、お惣菜を買ってきて食卓に並べてもいい。そもそも味の素が扱っているものも、回鍋肉や麻婆豆腐が15分でできて、手作り「っぽく」見せられる商品。これは作る側（多くは母親）の罪悪感を減らすためのものです。手作り信仰があるために、お惣菜を並べることに罪悪感をおぼえ、結果としては大差のないものを、素早くできるようにするだけ。私自身も味の素の商品を買わずに、他社の製品で同じことをやっているわけですから、その人たち（多くは母親）の行為を批判する資格も意思もありません。手作りでもそうでなくても、大きな違いはないと思います。

お母さんの手作り料理信仰——味の素的な価値観は一定程度、訴求力はあるのだと思います。しかしそろそろ、そこから解放されてもよいはずです。

「味の素型」vs.「サッポロ一番型」

一方で、「これはおもしろい!」と思ったCMがあります。2015年から放送されている、「このひと手間が、アイラブユー」をキャッチフレーズとしたサンヨー食品「サッポロ一番」のCMです。登場人物はパパとママ、保育園児と思われる息子の3人家族。さまざまなCMがシリーズで制作されていますが、私が特に関心を持ったのは『鍋スープ&〆ラーメンセット編』です。

ノートパソコンを閉じ、仕事を終えて帰り支度中のママ
息子と一緒に買い物中のパパと電話で話をしています
ママ「味噌ならキャベツ、もやし……」
パパ「ブロッコリーは?」

ママ「ありかも！」「急ぐね！」
シーンは自宅の台所に移り、パパが料理を作り、息子が電話で実況しています
「肉団子はいりました」
そして、お鍋の完成のカウントダウン「5・4・3・2・1」と数えているときに「ただいま！」とママ。それと同時に鍋のふたを開けて「おかえり〜」
熱々のお鍋を家族3人で囲みます
パパ「〆はラーメン！」
ママ「うわぁ〜！　パパ、天才！」

このCMも講演などの題材にしていて、「この料理のいったいどこにひと手間かかってるんでしょう？」というと、これまた必ず笑いがとれます。たぶん肉団子なのですが、これもすり身状態のものをスーパーで売っている時代です。この程度の「ひと手間」で手作り信仰に対する罪悪感を免除してもらうしくみなのです。

それはさておき、男性が子どもを保育園でピックアップして、スーパーで買い物をして夕食を作るというのは、現実には少数派かもしれません。電話でお鍋の具材を聞いているシー

ンがありますので、パパは家事に不慣れなようですが、ＣＭでここまで描かれることは２０１５年当時ではまだ珍しかったはずです。最後、ママが「パパ、天才！」とちゃんとおだてているのも、旭化成ホームズの広告（４章で扱います）で問題になった、夫の家事に対する妻からのダメだしを意識した表現だと思われます。

これがどのような意味で「成功例」と呼べるのかは、１章で詳しく述べますが、味の素と同じように食品をＰＲし、スーパーでものを買ってもらうための広告なのに、与える印象がかなり違います。そのことについて本書で考えてみようと思います。

誰に対しての何の共感だったのか？

私はメディア分析の専門家ではありません。しかしあるターゲット層を明確にし、そこに訴求することを目指したＣＭは、制作者の意図はもちろん時代の意識を浮き彫りにします。そこには、私が専門とするジェンダーの問題が多く、そして深く関係しており、したがって世の中で議論を呼び起こします。

本書では、ここ数年の間に批判の的になったＣＭやＰＲ動画を私なりに分類し、こうした表現が世に出た背景、批判された理由をひもといていくことで、「男らしさ」「女らしさ」、専業主婦や家事労働分担、家庭のあり方などをジェンダー論の観点から考えていきたいと思っています。

過去数年に大火事からボヤまで、炎上したCMを見ていったところ、あまりの多さに最初、途方に暮れてしまいました。しかしそのパターンを分類していくと、大きく4象限の図式が作れるように思われ、かつそれぞれのジャンルでの失敗例と成功例が対となって浮き上がってきました。これをスタートポイントにしながら議論を進めていきたいと思います。

まず、縦軸に「商品や描写内容の訴求対象」をとります。「女性」をターゲットに、応援あるいは共感を狙ったもの。その反対側は、強く意図したかどうかは別にして、「男性」の視線に沿ったもの。一方、横軸にそのCMのメッセージ、すなわち「炎上ポイント」――「性役割」「容姿・性的メッセージ」をとります。すると、問題となるCMのほとんどが、この4つのいずれかに当てはまるのです。

まず、第Ⅰ象限は、「女性」を応援したつもりなのに「性役割」の固定化・強化と受け取られ炎上したパターンです。味の素のCMはまさにここに分類されるもので、サッポロ一番はこのジャンルでの成功例といえるでしょう。

図表0-1　「炎上」した広告の4象限

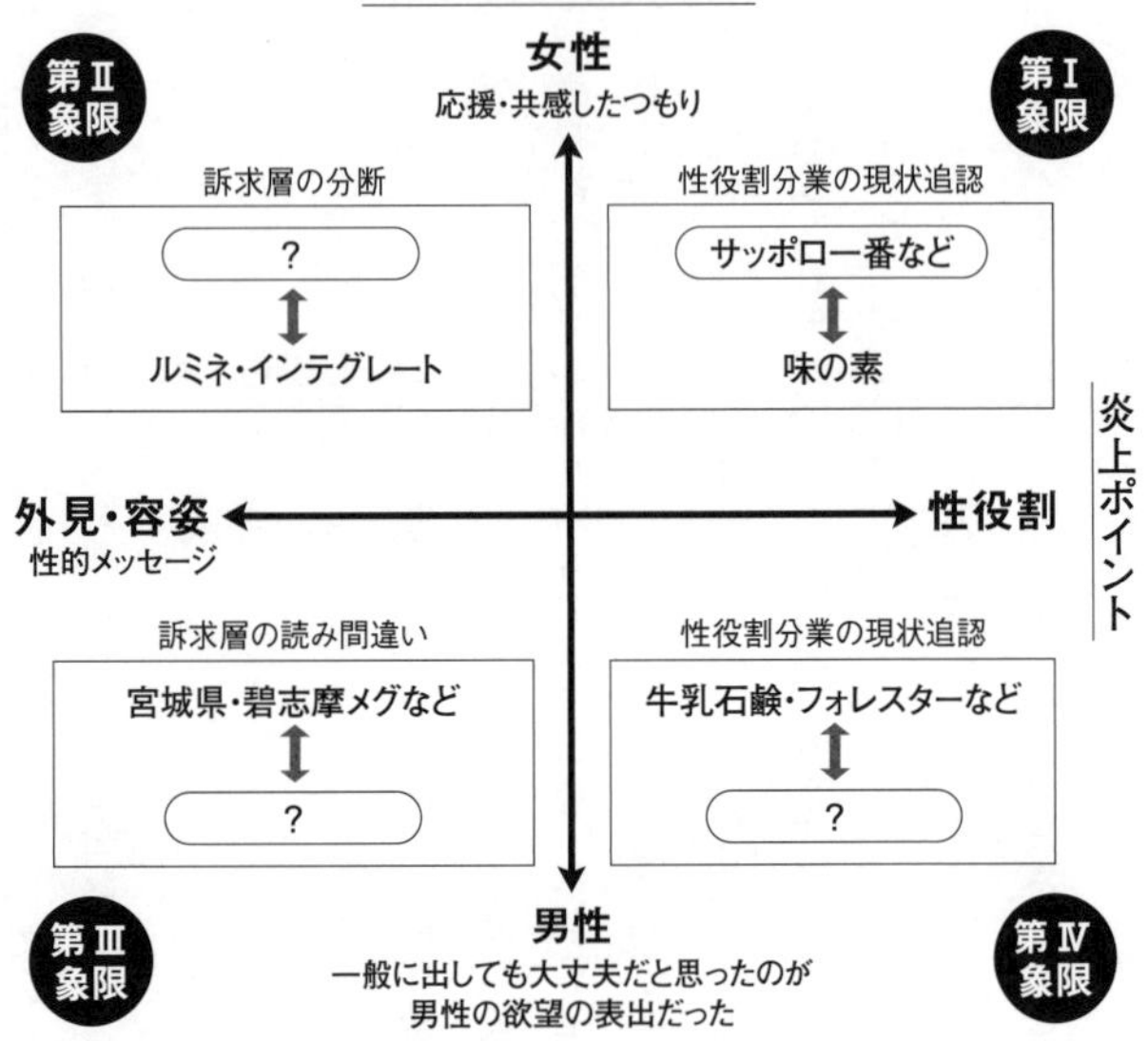

出所：筆者作成

第Ⅱ象限は、「女性」を応援したつもりなのに容姿や外見の面で「性差別」と受け取られ炎上したパターンです。化粧品メーカーなどが、ここで地雷を踏んでいます。化粧品メーカーやファッション関連の企業は、自社の商品やサービスの魅力や優位性を訴える上で、「若さ」や「美しさ」を良しとした物語を描かざるをえません。しかしあまりにそれを強調しすぎると、選ばれる対象としての女性の生きづらさを前景化させてしまう。「政治的に正しい」CMを作るのが難しいゾーンといえます。

第Ⅲ象限は、一般にも受け入れられると思って作られたのですが、性的メッセージが強く、男性の願望の表出となっていたため炎上したというパターンです。「一般受け」ではなく、むしろ少しエッジを効かせようとしたものもあるのですが、いずれにせよ内容が男性の欲望の表出で、結果として主に女性から批判をされました。以前は、露出度の高い女性が登場するCMは珍しくありませんでしたし、少し前まで居酒屋の壁には水着姿の女性が微笑んでいるビールメーカーのポスターが掲げられていました。しかし、こうした男性からのまなざしのみで女性を描いた広告は少なくなっています。その意味では、広告媒体の制作においても、センシティブに注意が払われてきたゾーンなのかもしれませんが、そのわりには炎上が多すぎるように思えます。

そして、第Ⅳ象限は「男性」へ共感を示したつもりが「性役割」の固定・強化と受け取られ炎上したパターンです。残念ながら、まだまだ男性側に家事や育児を主体的に担おうという意識が浸透しているとは思えません。第Ⅳ象限には男性の性役割を固定させるようなものがあれば、「家のことは面倒だなあ」「もう少し自由にやりたい」という男性の感覚を前提にしたために、問題化してしまったCMも含まれます。

次章からは、それぞれの第Ⅰ象限から第Ⅳ象限まで、象限と章とが同じになるようにした上で、炎上したＣＭとあわせて好感度を持って受け入れられたＣＭを比較しながら、炎上の方程式を考えていきます。さらに特に1章では、ＣＭを分析する上での背景となるジェンダー論の基礎的な考え方について紹介します。そこでは現代の日本社会についていくつかデータをあげながら、私たちがどのようにこの問題を考えるべきかについて論じます。

5章ではこれに加えて、マイノリティをどう考えるのかに関する事象を取り扱います。この分野における「言葉の政治」について、常識を外さないようにしてほしいとの思いからです。女性の問題とも深く関わるのですが、炎上しない、「政治的に正しい（5章で説明します）」用語法というのが、どういうものなのかを説明します。

取り上げていくＣＭに対して、異議申し立てをした人の憤（いきどお）りの理由は何なのか？　それについて読者のみなさんがどう思うのかは、実際に映像を見てこそ感じられることだとは思います。紙に映像を埋め込むことはできませんが、文字でＣＭの雰囲気を再現していきながら、お話を進めていきたいと思います。

1　治部れんげ『炎上しない企業情報発信』日本経済新聞出版社、２０１８年
2　瀬地山角「味の素が流したとんでもない性差別ＣＭ」東洋経済オンライン２０１４年8月8日
3　大学の直営ではなく、東京都の認証保育所として地域にも開かれており、私は長らくその保育所を経営するＮＰＯ法人の理事として運営に関わっている。
4　青木直己『下級武士の食日記』ちくま文庫、２０１６年
5　瀬地山角『東アジアの家父長制』勁草書房、１９９６年
6　岩村暢子『変わる家族 変わる食卓』勁草書房、２００３年、『「親の顔が見てみたい！」調査 家族を変えた昭和の生活史』中央公論新社、２０１０年など
7　農林水産省ウェブサイト『食育の推進に向けて～食育基本法が制定されました～』
8　野田潤「現代日本の家族――食に見る近年の家族問題」瀬地山編『ジェンダーとセクシュアリティで見る東アジア』勁草書房、２０１７年、58ページ。このほか品田知美編『平成の家族と食』晶文社、２０１５年を参照のこと。
9　柳采延「現代韓国の専業主婦――女性の仕事と結婚の理想と現実」瀬地山編『ジェンダーとセクシュアリティで見る東アジア』勁草書房、２０１７年、58ページ

第1章——子育てママの応援かワンオペ礼讃か（性役割×女性）

本章では、序章で紹介した「味の素型」と「サッポロ一番型」と同じパターンにあたる、女性の性役割が取り上げられ、問題になったケースを扱います。第I象限なので、女性を応援したつもりのCMが性役割を強調・再生産するものと受け止められて話題になったというものです。そしてその後で、こうした性役割分担や共働き、専業主婦といった問題を現代の日本社会の文脈でどのように考えるべきなのかをデータで補いながら解説します。

味の素のような食品メーカー、あるいは日用品のメーカーの主たるお客さんは女性です。当然、家事や育児を担う女性に寄り添うメッセージを発するわけですが、逆に問題視されてしまったというCMは少なくありません。それだけ、多くの女性の心にひっかかるテーマなのだともいえます。

父親はどこへいった?

そのひとつが、2017年、「ワンオペ育児」という言葉とともに炎上した、ユニ・チャームのおむつブランド「ムーニー」の宣伝動画『はじめて子育てするママへ贈る歌。moms don't cry（原題表記）』です。テーマソングがまさにその世界観を表現しているので、まずは歌詞をご紹介しましょう。

♪子育てって　長いトンネルみたい
初めてのことばかりで　うまくいかないことばかり
なかなか寝てくれない君　ぐずる声を聞くだけで　体がこわばる私がいる
ずっとだっこの君　肩や腰が悲鳴を上げる

私の時間は全部君の時間　保湿もご飯も　サッとしなきゃ
ああ、君はかわいいのに　なんだかイライラしてしまって
ほかのママが立派に見えて　もっといいママでいたいのに
Moms don't cry　ママは泣いちゃダメだって思ってた
Moms don't cry　ママは強くなきゃダメだって思ってた

でもね、泣いて笑って一歩ずつ　君と一緒に生きていく
泣いて笑って一歩ずつ　君と一緒に生きていく

映像は冒頭、「はじめまして」とわが子を抱く笑顔の女性を映すのですが、その後は、夜泣きや赤ちゃんを抱っこしての買い物、ままならない入浴や食事など、育児に奮闘する様子を描きます。道端ですれ違う親子は穏やかで、いつも必死で余裕がなくて、泣きそうになりながら子育てをしている自分とつい比べてしまう。しかし、小さな手に指をギュッと握られ笑顔が戻る。そして最後、穏やかな表情で眠る母と子の姿をバックに「その時間が、いつか宝物になる。」というテロップ——といった内容です。

情感豊かに作られてはいるのですが、育児をしているのは女性だけ。この2分のCMで父親と思われる男性は、冒頭の出産時と赤ちゃんの具合が悪くて病院に向かうのかタクシーの中の2回しか登場していません。

そのため、動画が公開されるやいなや、「ワンオペ育児賛美か!?」と批判の声が上がりました。ワンオペ育児とは、子育てをワンオペレーション——母親ひとりで担うこと。藤田結子の著書[1]で一躍有名になった言葉です。ユニ・チャームはウェブ媒体の取材に対し、次のように回答しています。

子育ての理想と現実にギャップがあった、ということに悩む、母親のリアルな日常を描いて、それを応援したいという思いがありました。様々な環境で子育てをしているお母さんたちがおり、決して「ワンオペ」を肯定も否定もするつもりはありませんでした。ただ、現実にはこうした状況があるということを踏まえて、こうした環境下で子育てするママに寄り添って応援したいという意図でした。[2]

このＣＭについては、「男は何をやってるの」「自分が子育てしていたころがフラッシュバックしてつらい」といった批判意見とあわせて、「あれが現実」という冷めた意見のほか、「むっちゃいいのに何があかんの？　だいたいの家庭こんな感じじゃない？　むしろすごい感動したけど」といった肯定的なコメントも多く見られました。いずれにせよ、このＣＭにリアリティを感じた人が多かったということでしょう。ムーニーのＣＭは何が問題だったのか？　それを考えるために、比較として、別の会社の同じおむつのＣＭを見てみましょう。

ムーニーとパンパースを分けたもの

P&Gがウェブで公開しているパンパースの宣伝動画『MOM'S 1ST BIRTHDAY ママも1歳、おめでとう。』です。こちらは、炎上どころか「感動した!」「泣いた!」と、かなり好意的に受け止められています。

どんな動画かというと……舞台は病院の小児科診察室。1歳児健診で何人かのママが赤ちゃんを抱っこしてやってきます。医師の質問に答えながら、みな、この1年を振り返ります。

「新生児のころは本当に不安で、毎日、泣いて過ごしてたんですよ」

「誕生日がきたときにいちばんに思ったのは、あ、1年まともに寝なかったなって、思いました」

そんなママたちに対し、診察室の外ではパパがサプライズの準備

病院の廊下に家族の写真パネルを貼りながら、パパたちはママへの感謝の言葉を口にします

「子育てに参加できていないことは本当に申し訳ないなという気持ちしかないんですけど」

「感謝してますね。すごく」
診察室を出てサプライズに気づき、ママたちは驚きます
「人生でいちばん大変だった1年に、ありがとう」
「本当の幸せっていうものをはじめて知りました」
「おめでとう」
パパからのメッセージに、ママたちは目に涙を浮かべながら大きな笑顔を浮かべます
テロップ「ママも1歳、おめでとう」

いかがでしょうか？

私自身の感想からいうと、ムーニーは母親の過重負担が気持ち悪い、と思いました。これを見せられただけでは、「こんなことを全部女にしろっていうの？」という反応が来るのは自明です。他方のパンパース、確かにホロッとくるものはあるのですが、同時にムーニーと大差ないな、とも思います。パンパースは外資系の分、男性の関与も少しは入れようと考えたのでしょうか？

パンパースのCMでも「1年まともに寝なかった」という女性のコメントがありますし、

男性側も「子育てに参加できていないことは本当に申し訳ない」といっています。男性がおむつを替えるシーンもなければ、１歳児健診に連れてきたのも母親。

私の場合は、キャンパスにある保育所に預けていたので健診や予防接種はほとんど私が行きました。東京という場所柄もあるのでしょうが、そこはものの見ごとに母子ばかりの空間。乳幼児期は子育て期間の中でも、母親の負担が大きくなりやすい時期なのはわかります。それにしても……。育児が母親ひとりだけのものになっているという現状認識は、ムーニーもパンパースもまったく同じなのです。

パンパースは夫が感謝を表明しているだけマシだから炎上しなかったのでしょうが、乳児期の大変な子育てを母親だけに任せておいて、それだけか？という違和感は禁じえません。それが現実だという声はわかります。ただいずれも、「イクメン」なんていう妙な言葉が存在するこの社会を象徴するようなＣＭのように思います。

私は「イクメン」という言葉が大きらいです。イクメンを定義するならば「子育てに積極的に関わる父親」となるのでしょうが、この言葉は少なくとも私の知る範囲で、海外ではまったく意味が通じないはずです。「イクメン」を英語に訳しても、father とか daddy としかいいようがありません。自分の子どもの子育てをしているだけですから、father としか訳せないのです。

自分の子どもの育児にすら関わらない父親なんてものがのさばる社会においてしか、「イクメン」という用語法は成立しません。自分の子どもですから、父親が子育てに積極的に関わるのは当たり前。当たり前のことが当たり前になっていないために、当たり前の「イクメン」が特別視される。この社会のありかたがそもそもおかしいのです。

……などと大上段に振りかぶらずとも、日本の多くの父親が、あの育児のしんどいときや幸せなときを共有できていないことは、純粋にもったいないと思います。保育所に迎えに行って「パパァ〜！」と両手をあげて一直線に走りながら子どもが抱きついてきたとき、横にいたお母さんが「人生至福の時だね」といっていました。いつもの光景だったので、そのときはよくわからなかったのですが、いまとなっては「確かにそうかも」と思い「そういえばあのお母さん、もう第２子のときだったな」と思い返しました。大変だろうけど、至福の時はもうそんなに長くないんだよと、教えてくれていたのかもしれません。日本の父親たちがもう少しふつうにfatherになれるために、男性も主体的に考え、行動してほしいと思います。

育休は労働者の権利なので、（非正規を含め）就労期間など一定の条件[3]を満たす労働者が取得したいと申し出たときには、男女を問わず、使用者側がこれを拒否することはできません。

話を戻します。この似たり寄ったりのムーニーとパンパースの評価を分けたものは何かというと、当たり前ですが「男性」の描き方だったように思います。

先にも述べましたが、ムーニーで男性が登場するのは2分の動画でたった2回。しかも、(味の素と同じく)亡霊のようにそこにいるだけ。パンパースのような男性からの感謝の言葉もありません。ワンオペを賛美する意図はなかったのでしょうが、ワンオペになっている現状を反省することなく、応援している。ひとりで育児をして大変ですよね、わかります。そんなあなたに寄り添いますよといわれて、わかってくれている人がいた！と思う人がいれば、大変な状況を当たり前にしないでほしい！と感じる人もいる。そのため、多くの人の気持ちをざわつかせ、賛否両論が噴出したのでしょう。

子どもを産む機能が備わっているのは女性だけです。厳密にいうと先端的な医療技術を利用すれば、男性が生むことも不可能ではないとされています。また「生物学的性差」と考えられているものが、実は社会的な産物だというのも、ジェンダー論の中では常識です。ただここではあまり議論を複雑にせず、出産を生物学的な性差と考えて議論していきましょう。

だからこそ逆に、家事や子育ては完全に社会的性差の領域にあり、男性がその全部をやったっていいし、できないことではありません。授乳を含めてです。授乳の場合は女性の比率が高くなるケースが多いかもしれませんが、別に男性でもやっていくことはできます。赤ん坊が泣いたときにすぐに目が覚めるのは私の方だったので、夜中の授乳はいつの間にかけっこう私がやるようになりましたし、子連れで地方の講演に行ったりしたので、当然その間の授乳も私でした。

「家事や子育ては女性が行うもの」というのは、そう考えている人がいるというだけの話。生物学的に決まっていることではありません。人が作ったものですから、人と人とが相談して変えていくことができる。これがジェンダーという言葉の持つ破壊力です。

ところが日本ではまだまだ性役割分業意識が根強く、同時にパートなどで働く女性も増えたので、女性に「家事も仕事も」という二重負担が生じてしまっています。昨今、このテーマのＣＭが炎上しやすいのは、負担の大きさに苦しんでいる女性が少なくないことの証左だといえるでしょう。

性役割分担とは

「女性だから○○」「男性だから○○」と役割を割りふることを、「性役割分業」といいます。「男女の固定的性役割分業は性差別か」という議論は延々と続いていて、ここまでにご紹介したCMや動画も「女性差別」といったいい方で批判されます。

まずは「男女の平等」と「性役割」の関係について少し整理しておきましょう。男性に認められている権利が、女性には認められていない。指導的地位に就く女性の比率が圧倒的に低い。これらは「性差別」という言葉で捉えることのできる事象です。たとえば東京医科大学などのように女子受験生を一律に加点の対象から外し不利に扱ったとしたら、これは文字通り明白な「女性差別」です。

一般的に個人が変えることのできないもの、社会学ではこれを「属性」と呼びますが、これにもとづいて人が不利益な扱いを受けることを、近代社会は「差別」と見なします。憲法14条は「すべて国民は、法の下に平等であって、人種、信条、性別、社会的身分又は門地により、政治的、経済的又は社会的関係において、差別されない」と規定するわけですが、ここに性別も入っています。「女」という属性が差別の理由となってはならないというのは先進社会が共有する立脚点です。21世紀にはこの属性リストの中に「性的指向」が加わりつつあるという状況でしょう。

一方で「男女の平等」は、「性別からの自由」を一緒に含めて考えなくては意味がないというのが、私の一貫した立場です。性別に関しては「平等」という概念だけでなく、「自由」という概念が不可欠なのです。この場合の自由というのは、性別にかかわりなくある人が自分の能力を発揮できる、性別にかかわりなく、個人として扱われる、ということを意味します。

これは「女らしくありたい」と思う人が女らしくある自由を否定するものではありません。ただその女性は、もしかしたら特定の人の前で「女らしくありたい」と思っていて、職場では別にひとりの働き手として評価されたいと思っているかもしれません（そうでなくてもかまいません）。あらゆる局面において「女らしくあること」が強制されることを、個人としての自由が奪われていると考え、問題視しているのです。

1999年に制定された男女共同参画社会基本法の前文に「男女が（中略）性別にかかわりなく、その個性と能力を十分に発揮することができる（中略）社会の実現」とあるのですが（傍点筆者）、この「性別にかかわりなく」というのが、まさに「性別からの自由」に当たる文言なのです。

男性と女性が対等であるという定規とは別に、もう1本、「自由」という定規をもって考えることで、「性役割」の問題を男女平等の問題系の中に含めていくことができるのです。

逆にいうと、「自由」という定規を無視すると、「男と女は違うけれど平等だ」という主張がなりたちます。これを「異質平等論」というのですが、この異質平等論は性役割を固定する議論になってしまうことがあるのです。

性役割分業は異質平等論に立つと、一見、平等な世界のように見えるかもしれませんが、それは違います。女性は手先が器用で細かいことに気がつくから、家事や育児に適している。あるいは、男性は腕力があるから力仕事に向く。ごく自然にこうしたことをいいがちですが、これは統計的にそう分布しているだけで、細やかで繊細な作業が得意な男性もいれば、私を一瞬で投げ飛ばせる女性など山ほどいる。仮に妻の方が繊細な作業が得意だったとしても、夫が料理を作ることはできる。「そんなことゆうたって、男と女はちゃうやろ、腕力とか」。いえいえですから、腕力は平均値と分布が違うだけです。

「女性脳」「男性脳」などという言葉を使ったエセ科学が流通していますが、これは「腕力」

以上に乱暴な議論です。論理的に考える「男性脳」と共感を求める「女性脳」といった分け方なのですが、そもそも「女性脳」だけの人や「男性脳」だけの人なんていません。

すべては確率的分布の問題にすぎず、かつ具体的な行動に影響するようなレベルで、どの程度に分布しているかという科学的な調査があるわけでもありません。まともな学者は「女性脳」「男性脳」などといった用語は使いません。『妻のトリセツ』[4]という本で有名になってしまったのですが、特定の行動を安易に「本能」のせいにしていたりして、とても学術的な検証に耐えるものではありません。四本裕子の批判はその問題点を列挙して誤りを指摘するもので、こういう研究者の作業を大事にしてほしいと思います。[5]

あの本を読んで夫婦関係がよくなった人がいるのなら、そのことをとがめるつもりはありませんが、これをその夫婦間の外に持ち出して、適用するのは絶対にやめてください。三歳児神話もそうですが、こうしたエセ科学が社会に広まるのは、研究者として本当に困ったことだと思っています。

大前提「個人差は性差を必ず超える」

「男と女は違うけど平等」というのが異質平等論の立場なのですが、これは人々の多様性を男と女というふたつの箱に押し込めようとする、かなり抑圧的な発想に直結します。また、よく「女性の視点を活かして」というい方を耳にします。これも本質主義にからめとられていて、つきつめると異質平等論と同じ論理構成になってしまうことがあります。

「女性の視点」が必要なことは確かにありますから、それ自体がだめなのではありません。たとえば以前、勤務先の防災委員会に出席したときのことです。防災時の備蓄品の確認があり、食料や水、簡易トイレといった項目があげられていったのですが、生理用品がリストから抜けおちていました。宿泊の予定がないときに、翌日や寝るときの分まで生理用品を持ち歩く人は少ないでしょう。女性が少ないとはいえ、それでも私たちの学部の学生・院生・教職員だけで千人くらいはいるはずで、大学として3日分の備蓄をするといっているのに、生理用品ゼロでどうするのか。意思決定の場にいるのが男性ばかりなのでこういうことになるわけで、こうしたことに「女性の視点」は絶対に必要です。

ついでにこれには後日談まであり、私の発言は確かに議事録に残っているのですが、その後1年間生理用品の備蓄はなされず、女性の学部長補佐が就任してはじめて購入されたとのこと。怒りというより情けない、恥ずかしいという気分になります。

話をもとに戻します。女性の視点は確かに重要です。特に政治の場で女性議員が少ないのは大きな問題だと思います。3章で取り上げる宮城県のPR動画は、知事が女性だったり、女性県議がもっと多かったりしたら、作られることもなかったでしょう。

ただ「女性の視点から」といって家事に関する意見を女性からしか聞かないとなると、これは性役割の再生産になりかねません。統計的にある程度、男女で分布が分かれるのは事実でしょうし、男女によって生理現象も違う。だから女性の視点が必要なのはその通りです。ただそれと個人がどういう能力を持っているのかは、別に議論をしていく必要があるのです。

たとえば、15歳児を対象とする国際的なテスト（OECD生徒の学習到達度調査、PISA）の数学と理科の点数について、教育学者の舞田敏彦が男子の平均点から女子の平均点を引いてグラフにしています。[6] すばらしい着眼点で、感服しました（**図表1-1**）。

日本ではどちらの科目も男子の方が高い得点となっているのですが、世界にはどちらも女

図表1-1　15歳生徒の理系リテラシーのジェンダー差

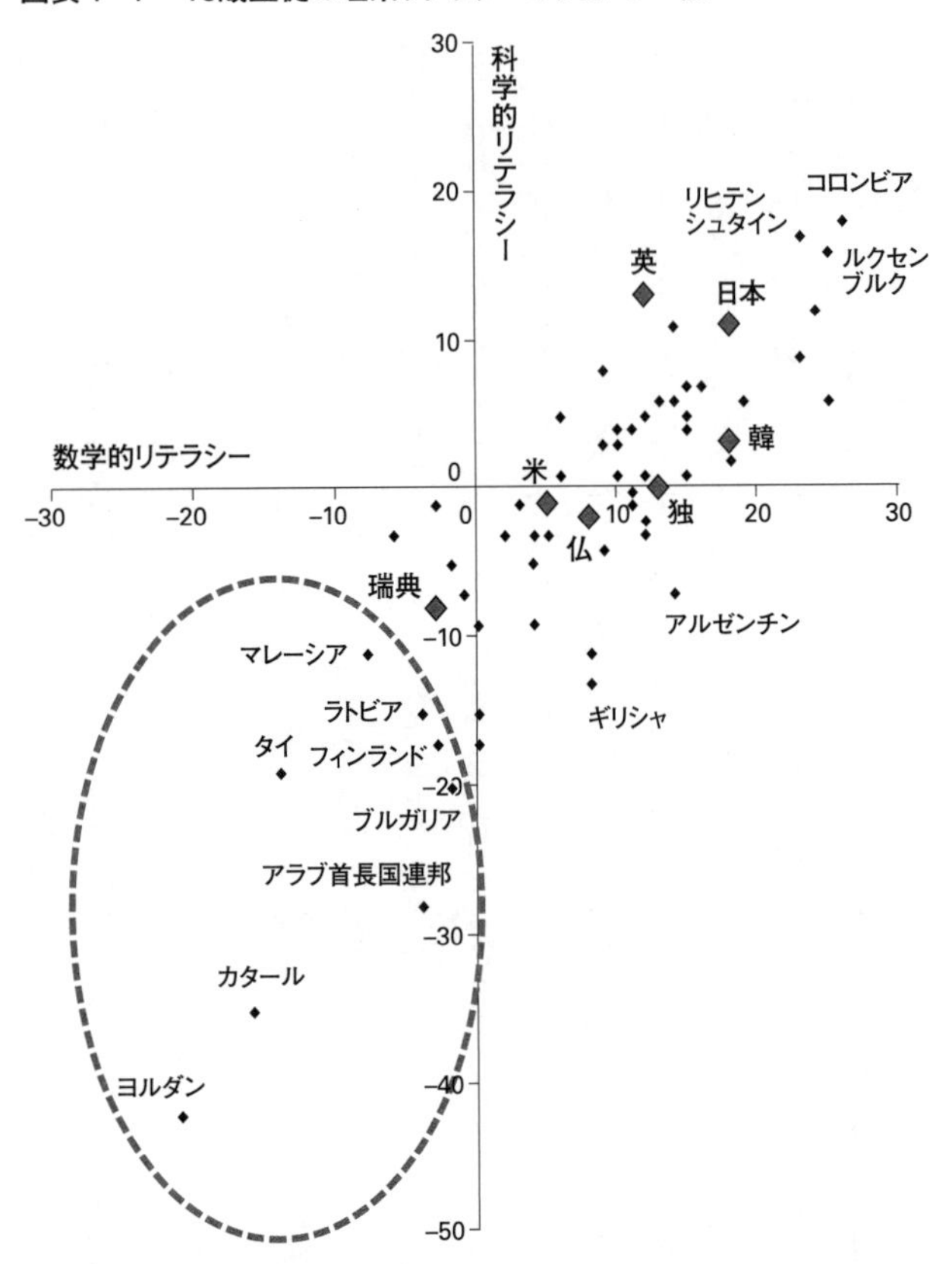

＊平均点の男女差（男子ー女子）である。
資料：OECD「PISA 2012」
作成者：舞田敏彦（@tmaita77）

出所：舞田敏彦「理系リテラシーのジェンダー差（改）」データえっせい2015年9月12日
（http://tmaita77.blogspot.com/2015/09/blog-post_13.html）

子の方が点数の高い国がけっこうあります。図の点線で囲まれている国々です。つまり「女性は理系が苦手」だとしたら、それは生まれ持ったものではなく、単に日本社会が生み出したものにすぎないことがわかるのです。進学校として有名な都内のある女子高では、理系を志望する生徒の方が文系よりはるかに多いそうです。校風や環境といった「社会」の影響で変わるという一例ではないでしょうか。

「夫が外で働き、家事は妻がやる」――これは一見、夫と妻、それぞれ担うことは違うけれど平等、と思うかもしれません。もちろん女性が「家事だけをしたい」と思う自由はあります。しかし、誰かがほかの女性に向かって「女性だから、家事をしなくてはならない」と考えたとしたら、それは性別からの自由に反しています。この異質平等論を明確に否定しないと、本当の意味での自由は得られません。自由を得られなければ、平等もありえません。

性別というふたつの箱は人間の多様性を入れる箱としては、あまりにも種類が少なくて、そこからもれ落ちてしまう特性が必ずある。それなのに、抑えこもうとするから自由がなくなってしまう。

「平等」とは別に、「自由」という観点から「男」「女」というふたつの箱に人間を押し込めること自体が問題だといっているわけです。

重要なのは、自分の持っている生物学的な性から自由（もっと厳密にいうと出生時にわりあてられた性から自由）でいられること。くりかえしますが（したいと思う）女性が家事をすること、子育てをすることを否定するものではありません。女性だからといって家事や子育てを強いられてはいけないといいたいのです。逆にいえば、「男なんだから、がむしゃらに働いて家族を養う」ということからも、男性は逃れられてよいはずなのです。

専業主婦の誕生

では家庭における性役割の固定化がどうやって生まれたのか。その歴史を見ていくと、それが序章でも述べた主婦の誕生と関係していることがよくわかります。主婦が誕生するのは大正期の東京や大阪などの大都市部です。つまり日本で育児を母親だけがするようになったのは、たかだか100年くらいの歴史しかないわけです。大正から昭和にかけて大都市で誕生した「サラリーマン×主婦」という組み合わせは、戦後、日本全国に広がっていきます。高度成長期に地方の農村から都会へと人は出て行き、男性はサラリーマンになり、女性は専

図表1-2　共働き等世帯数の推移

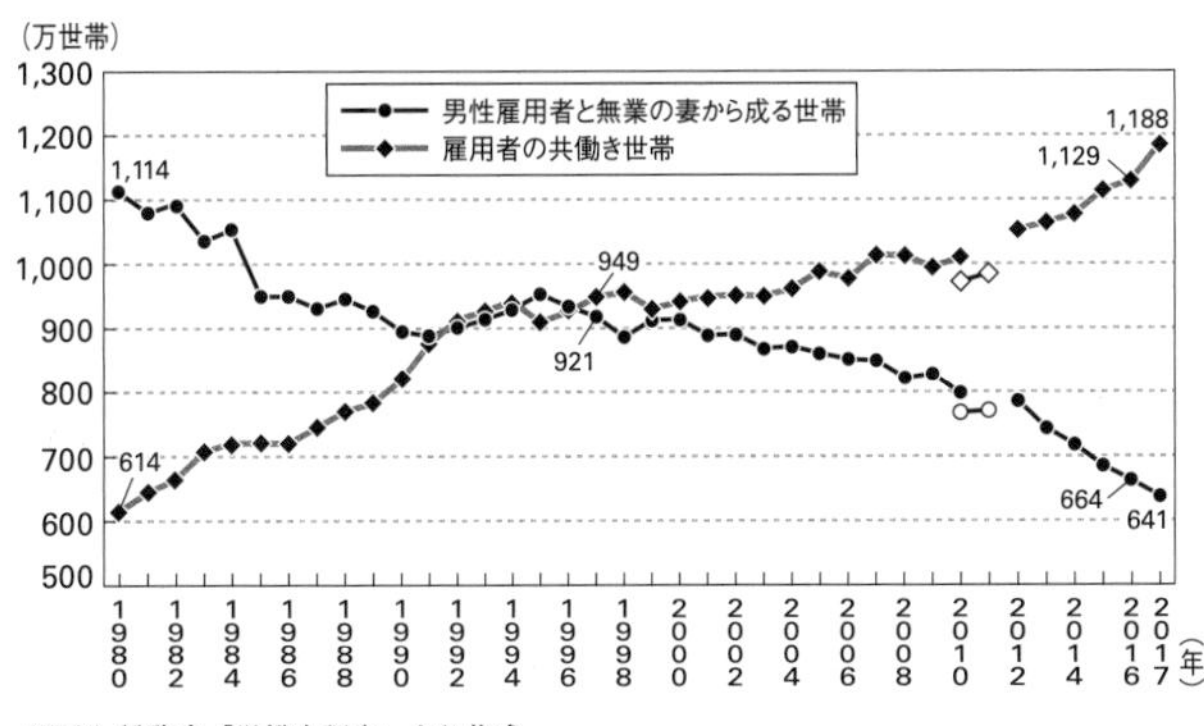

（備考）総務省「労働力調査」より作成。
2010年及び2011年の値（白抜き表示）は、岩手県、宮城県及び福島県を除く全国の結果。

出所：内閣府男女共同参画白書（概要版）2018年版

業主婦になったのです。

国勢調査（1920～2015年まで5年おき）で女性の働いている割合がもっとも低いのが、1975（昭和50）年。いわば、主婦という生き方がここで確立します。高度経済成長期に主婦という生き方が拡散し、広範囲な人々にとって手に入るステイタス、目標になりえたわけです。

しかしすでに40年以上が過ぎ、状況は大きく変わり続けています。**図表1-2**に見るように1980年、専業主婦世帯は共働き世帯の倍近くでしたが、1991年ごろからその数はともに900万世帯とほぼほぼ同数となります。そして、1997年に逆転。2019年には共働き世帯1245万、専業主婦世

図表1-3　都道府県別の妻の有業率

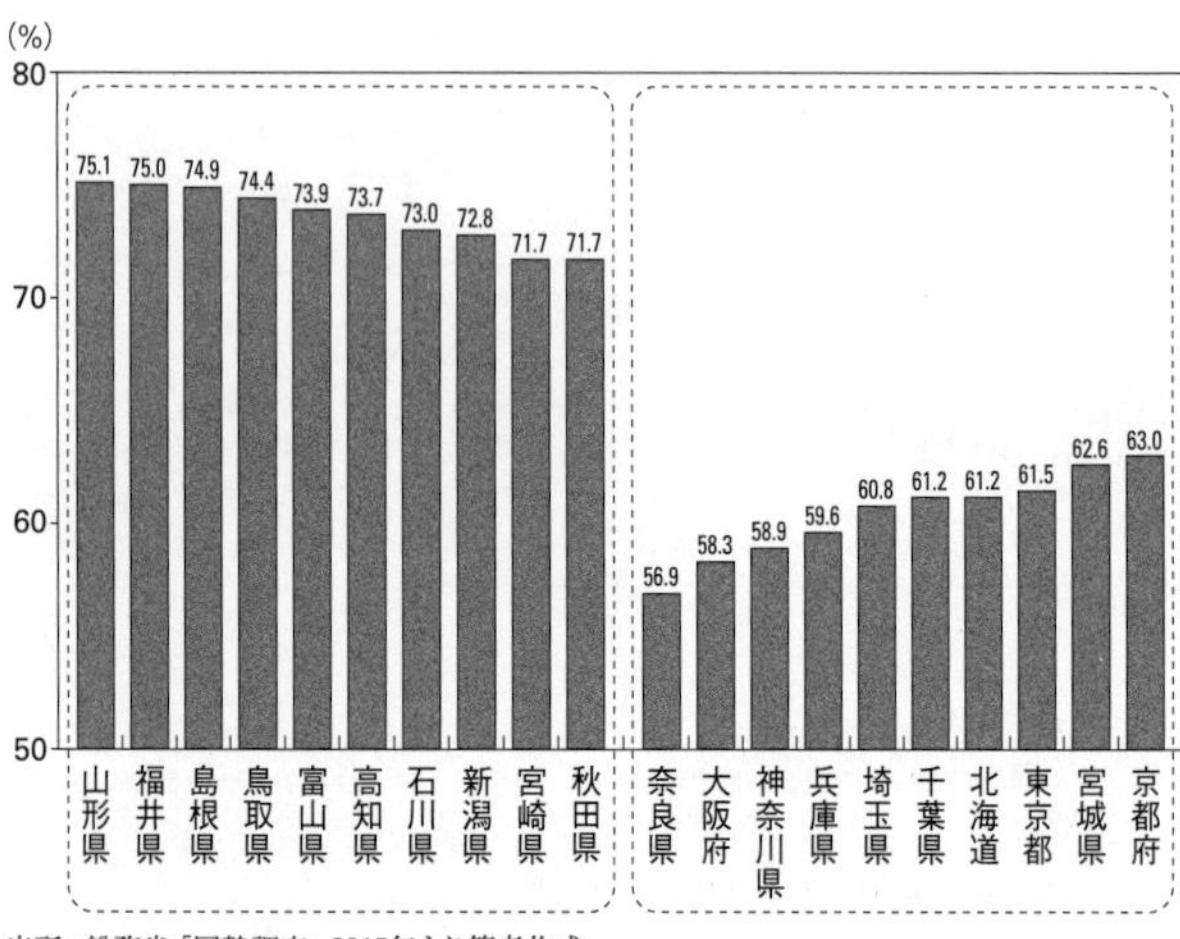

出所：総務省「国勢調査」2015年より筆者作成

帯575万世帯。数値で見ると、共働き世帯はもう比率にして専業主婦世帯の2倍以上になっているのです。

もちろん、東京や大阪などの都市部と、地方のリアリティはかなり違うでしょう。共働き世帯の比率を都道府県別（2015年国勢調査）に見ると、どうなると思いますか？　**図表1-3**を見てください。みなさんの予想は外れたのではないでしょうか？　共働きが多いのは山形県、福井県、島根県、鳥取県、富山県、高知県などです。みなさんは東京や大阪といった大都市部の方が、共働き世帯が多いと思っていたのではないでしょうか？

東北・北陸・山陰が多いのは、男性の所

得が低い地域なので家計はもちろんというのが前提になっていることや、三世代同居や近居が多く、また待機児童問題も深刻ではないことなどが理由として考えられます。働くことが当たり前になっていて、その環境も整っていることになります。

一方、専業主婦がもっとも多いのが奈良県で、大阪府、神奈川県、兵庫県、埼玉県、千葉県、北海道、東京都、宮城県と続きます。東京や大阪は確かに女性がたくさん働いているのですが、未婚など配偶者のいない女性が働いている比率が高く、結婚して夫がいるとむしろ専業主婦になりやすい地域なのです。

図の右側で政令指定都市がないのは東京を除けば奈良だけ。ほかは大都市を有する都道府県です。逆に左側は、政令指定都市があるのが、合併でできた新潟だけ。奈良県が入っているのは、自前の産業がなく大阪・京都の通勤圏だからです。「奈良府民」などといわれています。おもしろいことに右側の都道府県は、電車通勤が多い県で、左側は車での通勤が多い県です。右側にはすべて地下鉄もしくは地下鉄に直接乗り入れる鉄道がありますが、左側に地下鉄はありません。もちろん地下鉄や電車に乗ったら、専業主婦になるのではありません。頻繁に走る通勤電車が満員になるような、大都市およびその周辺部で専業主婦は多くなるのです。なぜでしょうか？

図表1-4　夫の所得別専業主婦の割合（夫婦と子どもからなる世帯）

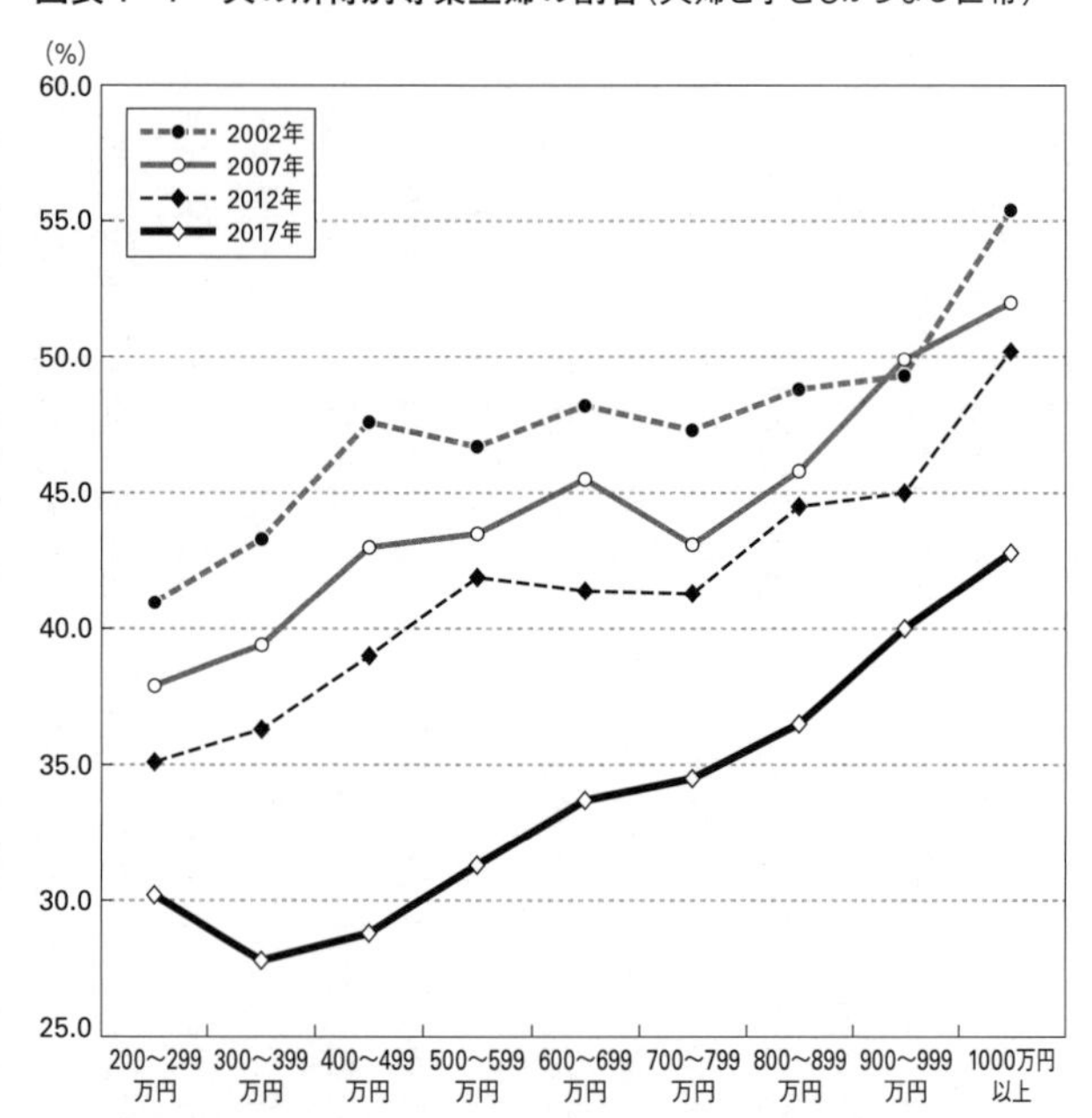

出所：総務省「就業構造基本調査」2017年より筆者作成（夫就業世帯の妻の有業率）

　一つのキーワードは「郊外」です。大都市部の周辺に広がる郊外の住宅地。ここからサラリーマンは職場に通うわけですが、ここが専業主婦のもっとも多い地域になるのです。夫の収入が高いですし、妻の学歴も高いので仕事を選ぼうとする。同時に子どもを預けることがかなり難しいので、「無理に働かなくても」となる。

　この「無理に働かなくても」というのがポイントで、

妻が働かなくても夫の収入だけで家計がなりたつのが、専業主婦世帯。つまり、専業主婦はある種のステイタスになっているのです。

それは、データからも明らかです。夫の所得と妻の有業率（「就業構造基本調査」）を見てみましょう（**図表1-4**）。この図からわかるのは、まず明らかに、夫の所得が上がれば上がるほど、専業主婦世帯が増えるということ。専業主婦は相対的に高階層なのです。それともう一つは年を追うごとに専業主婦の比率が下がっていることです。2017年の所得1000万円以上の世帯の専業主婦率と、2002年の所得300万円台の専業主婦の割合がほぼ同じというのは注目すべき変化でしょう。

憧れるが、なれない専業主婦

この専業主婦というのがある特定の階層にしか存在しないもの、という認識は独身層の男女とも、持つようになっています。

国立社会保障・人口問題研究所が5年ごとに行っている「出生動向基本調査」では「理想のライフコース」と「予定のライフコース」について聞いていて、未婚女性の意識の変化を

図表1-5　女性の理想ライフコース

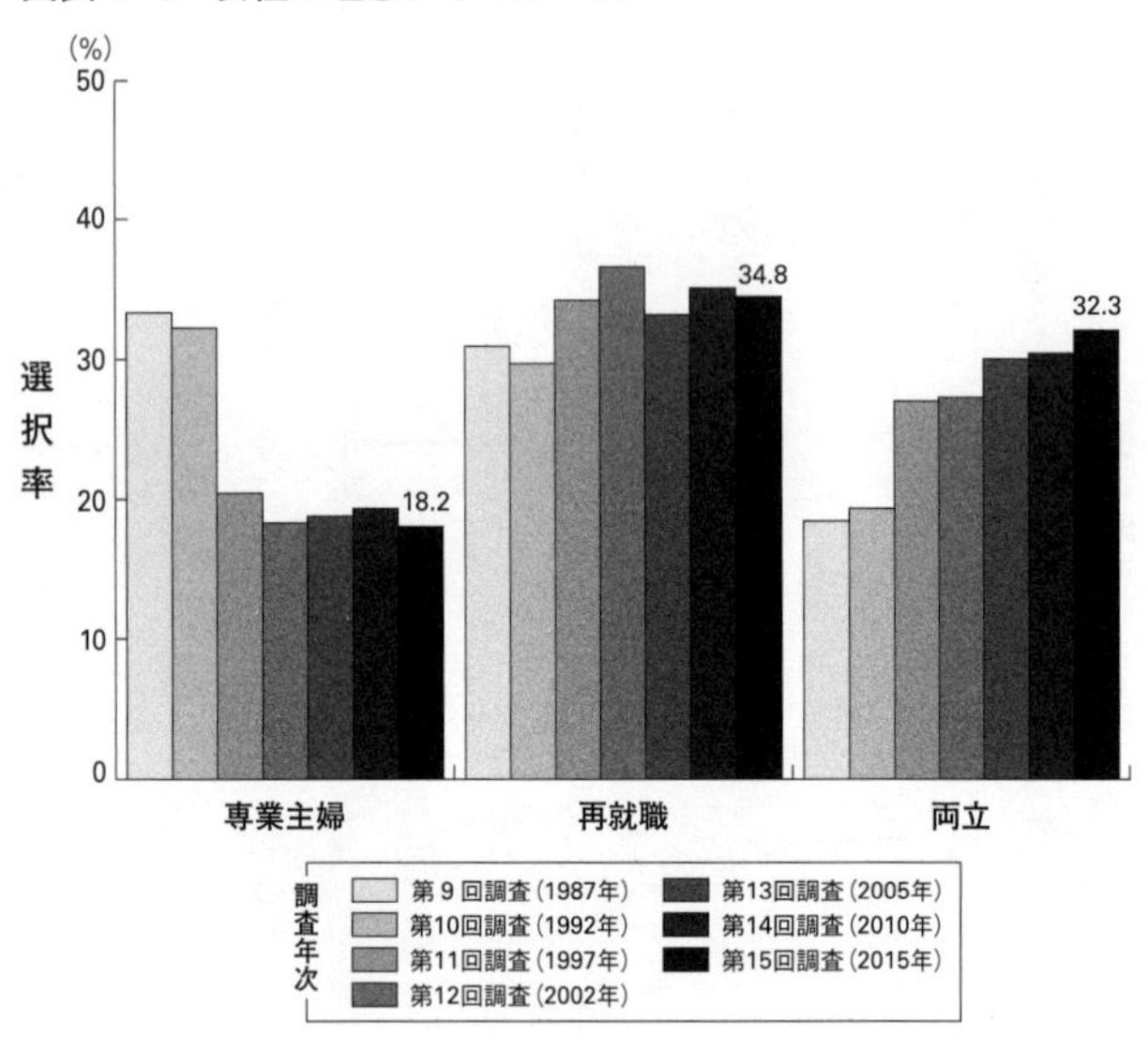

注：対象は18歳〜34歳の未婚者。DINKS、非婚就業、その他を除く。
出所：国立社会保障・人口問題研究所「出生動向基本調査」2015年より筆者作成

見ることができます（**図表1-5、図表1-6**）。

１９８７年では、「結婚し子どもを持ち、結婚あるいは出産の機会に退職し、その後は仕事を持たない」という専業主婦コースが「理想」だという人は30％超。実際に、専業主婦を「予定」しているという人は４分の１ほどいます。この時期、「理想」と現実的な「予定」にさほど大きな乖離はありません。

しかし、２０１５年の調査結果を見ると、専業主婦を「理想」とする人は18％前後。さら

図表1-6　女性の予定ライフコース

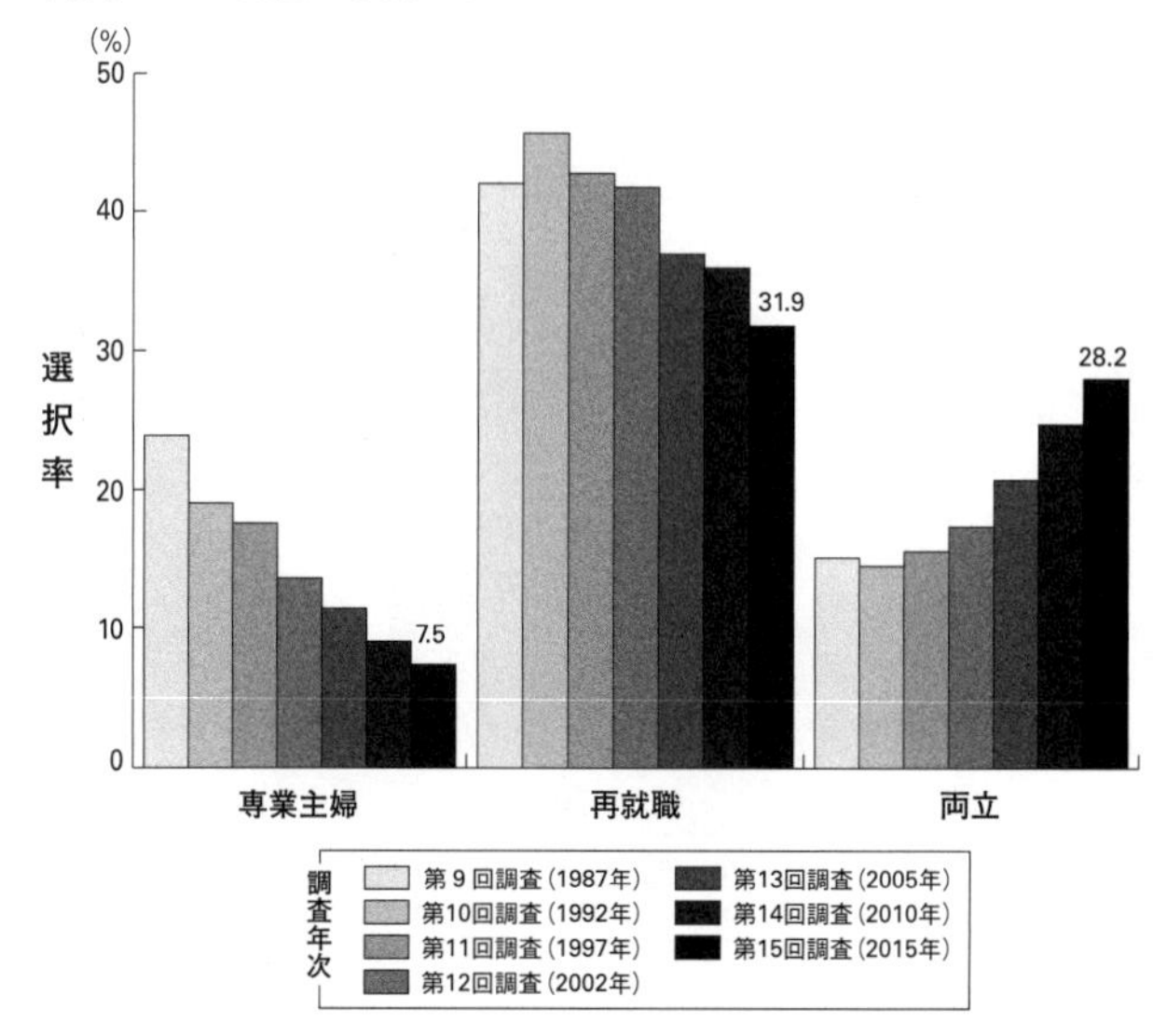

注：対象は18歳〜34歳の未婚者。DINKS、非婚就業、その他を除く。
出所：国立社会保障・人口問題研究所「出生動向基本調査」2015年より筆者作成

に現実的な「予定」として、専業主婦という未来像を描いているのは減少を続けてたったの7・5%です。予定ライフコースでもっとも多いのが、結婚・出産を機に退職したとしても子育て後に仕事を持つ「再就職」コースで約32%。仕事と家庭の「両立」コースが約28%という回答で、もはや女性自身が専業主婦になるとは思っていないのです。

一方の男性も、パートナーに望むライフコースでもっとも多いのが「再就職コース」で、妻

図表1-7　男性がパートナーに期待するライフコース

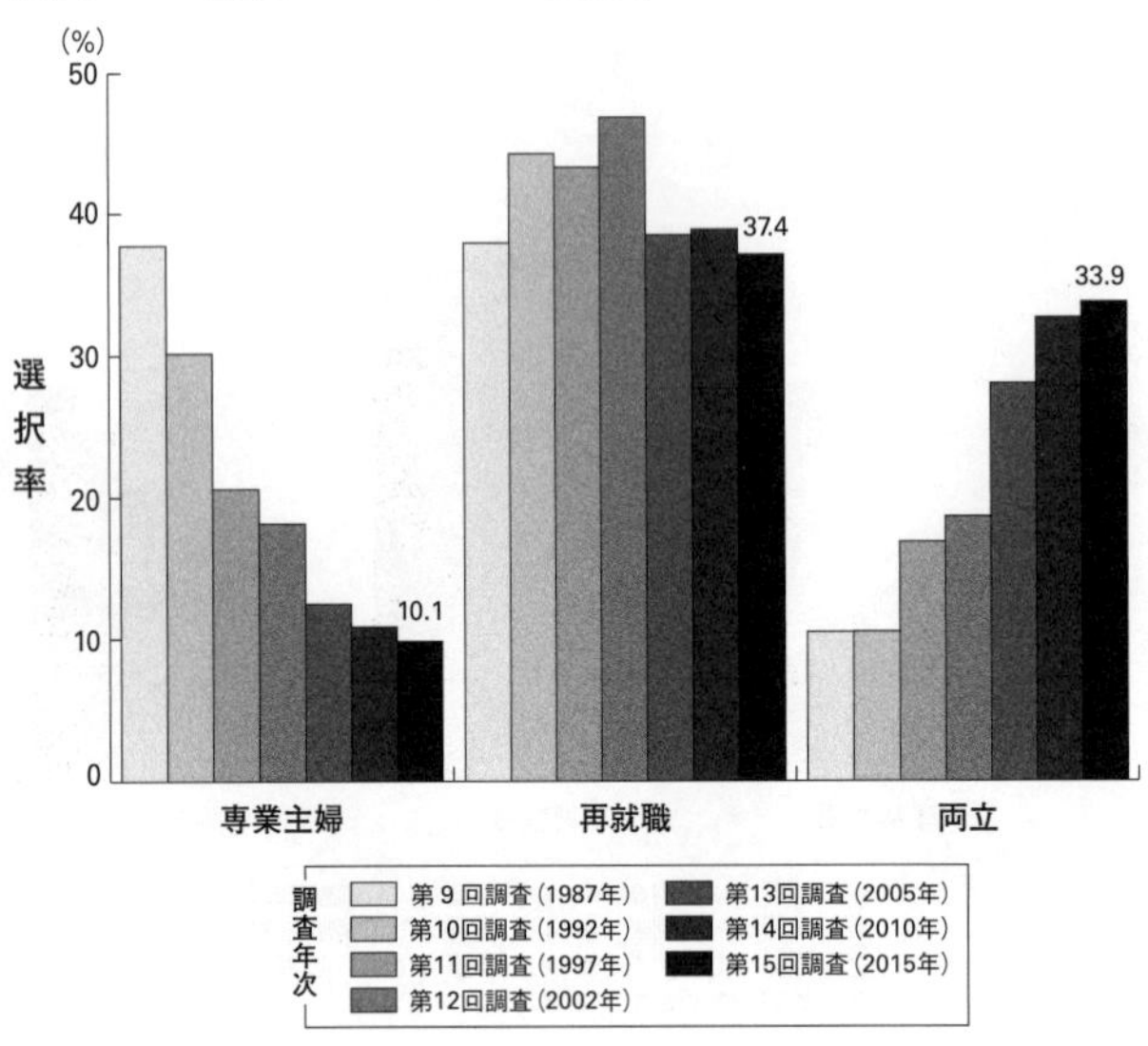

注：対象は18歳〜34歳の未婚者。DINKS、非婚就業、その他を除く。
出所：国立社会保障・人口問題研究所「出生動向基本調査」2015年より筆者作成

に専業主婦になってほしいという層は10%まで落ちています（**図表1-7**）。この認識は極めて現実的で、現在の経済状況下で、「自分ひとりが一家の大黒柱として家庭を支えるのは無理」と男性自身がわかっていることになります。

経済力より家事育児の能力

男性の家事がいかに必要とされているか、序章で少しだけ触れましたが、実はデータでも明らかになっています。**図表1-**

図表1-8　結婚相手の条件として求めるもの

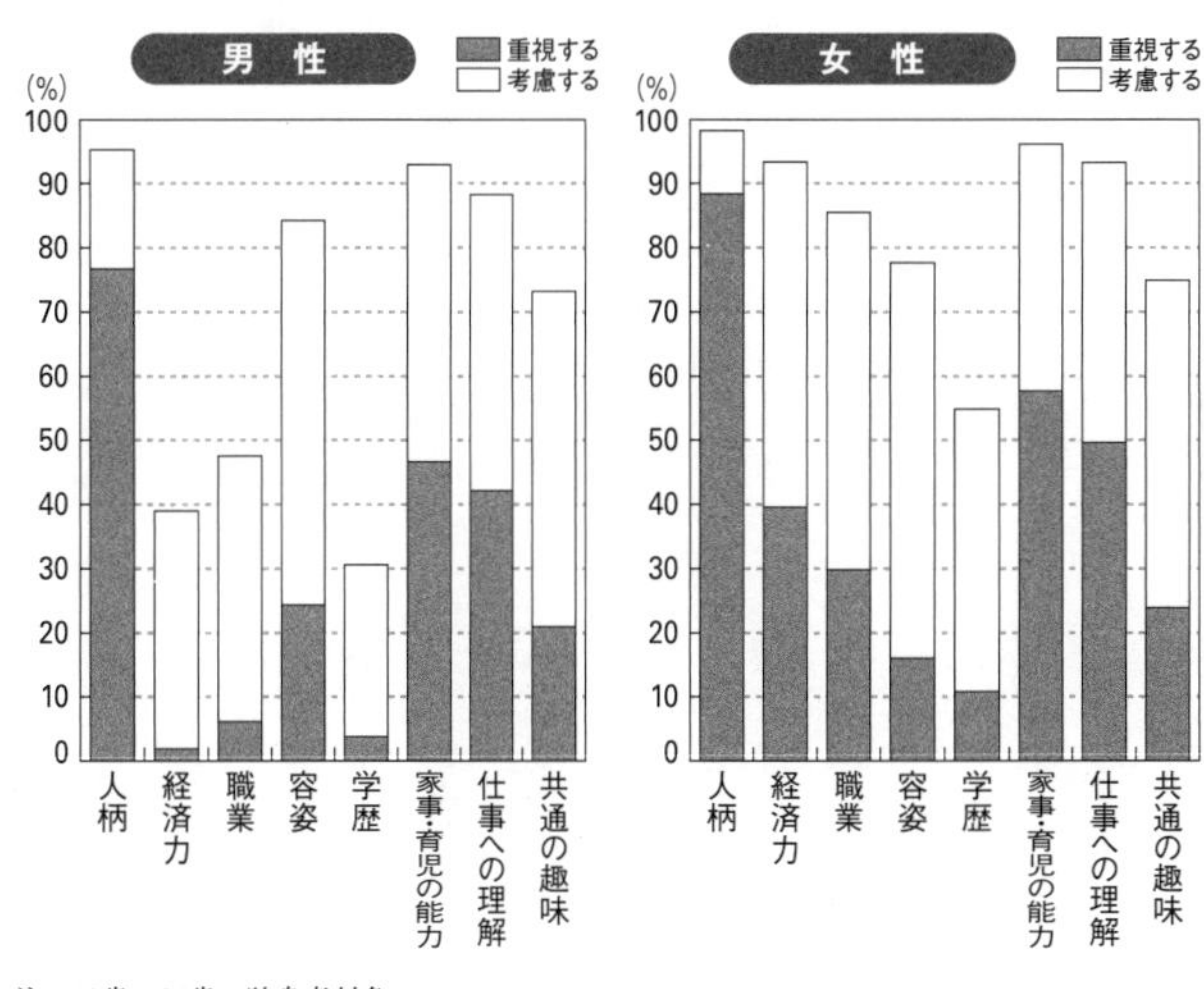

注：18歳〜34歳の独身者対象。

出所：国立社会保障・人口問題研究所「出生動向基本調査」2015年

8は同じ「出生動向基本調査」で未婚の女性が男性に求める条件です。１位は人柄。過去の調査でもずっと人柄が圧倒的に多いのですが、９割以上の人が人柄を重視・考慮して、相手を選んでいたら、およそ「既婚者」なるものは（私を含め）、もう少し「人柄」の優れた人であってしかるべきです。どう見てもそう思えないとすると、これは「相性」としか表現できないものになります。あえていえば、「家柄」ではなく「人柄」であるという意味で、恋愛結婚が支持されている状態と解釈することはできるでしょう。

人柄は「多い」とか「少ない」とい

った比較が不可能な条件なので、これを除くことにしましょう。すると、なんと1位は、「家事・育児の能力」です。念のためにくりかえしますが、これは男性に求められているのですよ。重視と考慮の合計値が「仕事への理解」と「経済力」ではぼ同じですが、「仕事への理解」の方が「重視」がより多いのでこちらが2位となり、「経済力」が3位となります。

みなさん男の子の育て方を間違えていませんか？　いまの時代に結婚相手の条件として男性に求められているのは、1位が家事育児の能力、2位が（女性の）仕事への理解なのです。ちなみに選択肢の中でもっとも条件として順位が低いのは「学歴」で、どんな大学を出たかなど人生のパートナー選びにはあまり役に立たないようです。

この箇所はいつも大学の講義でも取り上げるのですが「ざまぁ見ろ、君らの学歴は『家事育児の能力』の半分くらいしか役に立たへん」というとどっと笑いが起きて、必ず「料理くらいできるようにがんばります」という感想がきます。ちなみにこうして見るとサッポロ一番のCMが描いたパパ、3条件全部クリアです。まさに時代に求められる男性像だということになり、当然CMとしても好感度が上がるわけです。

図表1-6の通り、未婚女性の予定のライフコースで専業主婦を選ぶ人はもはや1割にも達しません。共働きを経験するだろうと考える女性たちが、「味の素型」の共働きを望むで

しょうか。そうでないとしたらなぜあのＣＭで「女性を応援したつもり」になれたのでしょうか。

女性も働かなくてはいけない。夫には当然、家事育児を分担してほしい――。多くの女性がそう思っているし、男性の側も女性に稼いでもらわないと、自分ひとりの稼ぎでは無理だと思っている。もはや男が大黒柱になる時代ではないのです。

男性ひとりで家庭を経済的に支えていく「一頭立て馬車」体制はもはや、高度経済成長期の遺物といっていいでしょう。お父ちゃんが馬車馬のように働いて、お母ちゃんが御者になって後ろからむち打って、荷台にはふたりくらい子どもが乗っている。後で取り上げる栄養ドリンクの世界みたいですが、これは日本経済が二桁で成長していたときにできたこと。いまは馬の脚の骨が折れたり、馬がいなくなったり、馬の職場がなくなったり。男女の平等なんて理念とは無関係に、「一頭立て馬車」はこの低成長の少子高齢社会にあって、人生のリスク管理の観点から危険であることは間違いありません。

おまけに「荷台」に乗ってる、愛する子どもたちも、最近は「草食系」とかいうようですが、そのわりにはカネはしっかり食います。「二頭立て」にしていくのが合理的、という以前にもはやそうでないと立ちゆかないと多くの人が思っているのは、これらの調査からも確

図表1-9　夫と妻の家事時間

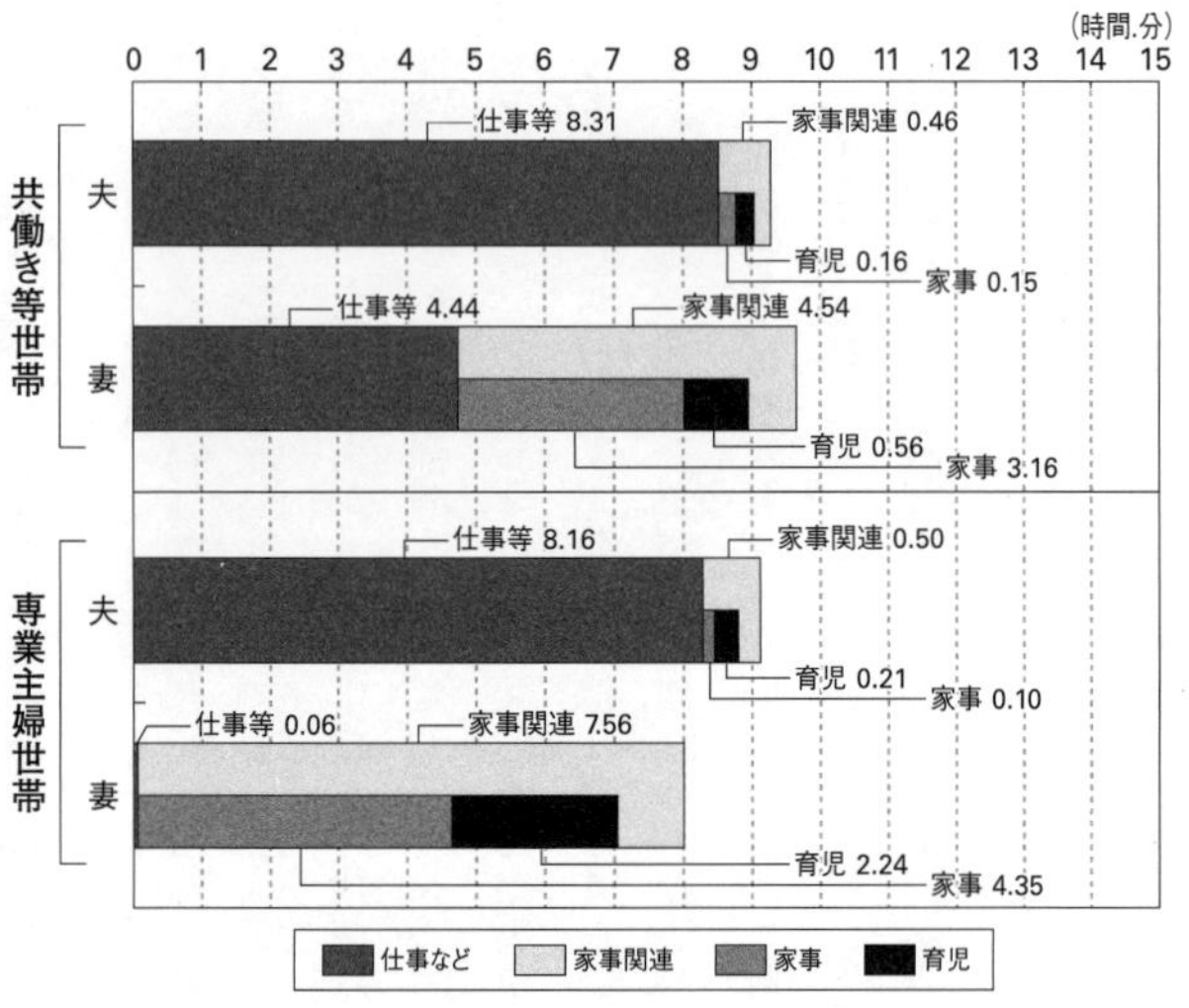

出所：総務省「社会生活基本調査」2016年

かです。

しかし、家計は夫婦ふたりでもちよりとなっても、「家事は女性のもの」という意識は依然として根強いのが現状です。では共働き世帯の夫の１日の家事関連時間はどのくらいだと思いますか？　２０１６年の「社会生活基本調査」によると、**図表１-９**に見るように、家事が15分です。一方、妻の家事時間は１日３時間16分。育児時間については、夫が16分で妻は56分です。専業主婦世帯は子どもの年齢が小さい世帯に多いため、夫が家事や育児をする時間は、専業主婦世帯よりも共働き世帯の方が少なくなっています。

男性の育児休業の取得率も2018年度は6・16%でした。統計を開始した1996年度は0・12%で、少しずつ増加はしてきています。もっともこれはたかだか1週間程度のものが多く含まれており、本来の育休とは実態がかなりかけ離れています。これらの数値を見る限りムーニーのCMは確かに、「現実」を描いていたことは間違いないわけです。

専業主婦というリスク

共働きであるなら、家事育児について理想は折半（せっぱん）、最低限シェアする（=主体的に関わる）のが当然であるはずです。「そうはいっても……」という男性の声が聞こえてきそうですが（このことについては、4章で取り上げます）、少子高齢化・低成長の日本社会では妻が専業主婦であることは、男性にとっても女性にとってもリスクとなっているのは明らかです。

日本の婚姻件数分の離婚件数は、1998年以降ずっと3割を超えています。2010年代はほぼ35%前後。3組に1組が別れる社会で、自分は大丈夫だといえますか？　離婚率は全盛期のイチローの打率並みなのです。長年、家のことは妻に任せっきりで、突然、離婚を切り出されたとき、翌日からの日常生活はどうなるのでしょう。

実はこれ、女性にとってはもっと深刻な問題です。専業主婦の離婚では夫を失うことイコール収入がゼロになることを意味するからです。これについてはどう考えているのでしょうか？「離婚なんてしないから」。いや、離婚しようと思って結婚する人はいません。それでも3分の1は別れているのです。主婦になるなといっているのでもありません。それはあくまで個人の生き方の自由の問題ですが、専業主婦の離婚は、それなりの余裕がある生活から貧困水準に突き落とされるような変化なので、そのリスクをきちんと織り込んでください。東大の女子学生でも、育った環境からか専業主婦になりたいという層はいます、わずかですが。彼女たちには、「生き方の選択だから自由だ」と伝えた上で、①生涯賃金で億単位のお金を捨てることになること（後述）を知った上で選択せよ、②万一離婚したときに食っていけるように資格をとっておくなど対策を考えよ、と伝えています。

うつなどの病気やリストラは、高度経済成長期とはまったく異なる確率で起きます。これは仕事の内容に「撤退戦」が多いことと関係していると思われます。経済が成長しているときは、遅くまで残業して新しい支店を一つ開くのですが、いまの時代は同じように残業して、支店を一つ閉める仕事をする。この閉める仕事の残業というのは、達成感がないために、精神を病むことになりやすいのです。夫がうつで休職する、リストラされるといったことはいまや珍しくありません。女性が働くということは、こうしたリスクに対する安全網として非常に重要です。

離婚・リストラ・うつ病といった一大事だけの話ではありません。たとえば誰でも経験するようなことですが、妻がインフルエンザになったとき。家庭内感染を防ぎながら、子どもの世話を含めた全部の家事を回すことが夫のタスクとなります。同じ状況になった知人は、家事が回せず自分の母親（おばあちゃん）を実家から呼び寄せたのですが、そのおばあちゃんの方が肺炎になって入院してしまうという、笑うに笑えない事態になりました。男性の家事能力は家庭のリスク管理のためにも必要なのです。

ジャンボ宝くじは確実にあたる！

この少子高齢社会のご時世、男女の平等などという理念を抜きにしても、女性が働くことは極めて合理的な選択です。女性が家事や子育てのために正社員での就労をあきらめたとき、仮に女性の年収が３００万円で30年間勤務したとして、失った「得られたかもしれない収入」（逸失利益といいます）は約1億円になります。逆にいうと正社員を続けていたら、それだけで1億円手に入るのです。さらにこれが大都市部や大企業に勤めていて、30代前半で年収が400万～500万円くらいの層は退職金を含め、約2億円になります。[7]〝ジャンボ宝くじ〟は確実に当たるのです。

もう一度、**図表1-9**の「社会生活基本調査」に戻りましょう。共働き世帯の夫の家事関連時間がわずか46分なのに対して、妻は4時間54分。妻は働いてなおかつ、家事をしなければならない状況にあり、まさに味の素が描いたような女性の二重負担が生じていることは、ここまで何度も指摘してきました。

ところがこの問題、ちょっと発想を変えると事態が全然違って見えるのです。共働き世帯の家事関連時間、夫婦の時間を足し合わせると5時間40分なので約6時間。つまり夫が1日3時間家事をすれば、妻も正社員で働けるという計算になります。平日に3時間と考えるとハードルが高いと思われるかもしれませんが、これは週平均の1日分なので、平日は1～2時間でも土日に取り返すことはできます。

ただ、妻が正社員就労を続けるときに立ちはだかる壁があります。出産です。第1子の出産が女性のキャリアに大きな断絶をもたらすのです。2015年の「出生動向基本調査」では、第1子の出産後の継続就業層が4割弱、正社員は25％程度とされています。この正社員継続の層に入れば、ジャンボ宝くじはほぼ確定。そしてそれを可能にするのが、夫の1日3時間程度の家事なのです。

私自身の経験でも保育所に迎えに行き、夕食の買い物をして夕食を作り、食洗機を回すところまででだいたい2時間前後という感じでした。その間に洗濯機が回り、乾燥機に移し替え、どちらかが入浴をさせ、本を読んで寝かしつけ……。私は朝食は担当せず、朝は保育所への送りがメイン。確かに子どもが小さいうちはもっと時間がかかりますが、小学校に上がるあたりから必要な時間数が減りますし、突発的な発熱で慌てふためく回数も少なくなります。

ひるがえって、この夫の家事の時給を計算してみましょう。よく主婦の家事の値段が話題になりますが、あれは家事労働時間に女性の平均的な時給を掛けあわせたものにすぎません。一方、この夫の1日平均3時間の家事は、女性の正社員での就労を可能にします。1日平均3時間なら年間約1000時間。これで妻が正社員として働いて、地方で300万円の年収なら、時給は3000円、大都市部で500万円の層なら時給は5000円。驚くべきことにこれはほぼ間違いなく、男性自身の残業代の時給より高い[8]のです！

元の統計にある共働き層は、子どもの年齢が少し高めなので、子どもが小さいときはもう少し育児の時間は長くなるでしょう。ただそれは長い目で見たときにはほんの一時期です。妻が正社員のとき、夫の家事の時給が残業代の時給より高くなることに変わりはありません。

そもそも年間に残業代で300万だの500万だの稼げますか？　年間300万だとすると月の残業代が約25万になり、かなり無理がある額ですが、仮にできたとしても、そんな働き方を1年も続けたら、翌年は「あの世」でしょう。つまり妻が正社員のとき、その収入を夫が追加で稼ぐことはほぼ不可能です。逆にいうと妻の正社員での就労は、家計に異次元の追加収入をもたらすのです。

そういう視点から見直すと、実はサッポロ一番の夫は、別に妻への愛にあふれているわけでも、男女平等の理念に燃えているわけでもなく、単に自宅から徒歩ゼロ分で、残業よりも時給の高いバイトが待っているので、いそいそと保育園にお迎えに行き夕食を作っている。「パパ天才！」とおだてて、次もやってもらおうと思っている妻も実は感謝なんてまったくしておらず、時給の高いバイトをあっせんしてやったと恩を売ったつもりでいる……と解釈できてしまうところがすごいんです。どう考えても合理的。

どう考えても合理的なのに、なぜ普及しないかというと、男性が自分自身のアウトプットだけを最大化しようと考えてしまうからです。自分の成果や収入だけを最大化するという戦略をとらず、夫婦ふたりのアウトプットを最大化するというスタンスをとれば、残業など断ってさっさと保育所に直行し、夕食を作って妻の帰りを待つ方が、はるかに合理的な行動なのです。もちろんこれは男性が残業を一切できないという意味ではありません。ふたりで話し合って、家事にまわる日と残業する日を調整すればいいだけです。家計の収入は飛躍的に増えますから、実は夫の小遣いだって何倍も上がるはずなんです。

男性の家事への関わり方

そのために具体的にやるべき男性の家事への関わり方について、いくつかのレベルに分けて説明しておきます。[9]

【レベル0】

ゴミ出しは家事ではありません。家中のゴミを分別し、それぞれの集積所に持っていき、かつ次の袋をセットしたのなら、家事に入りますが、できあがったゴミ袋を出勤の途中に出していくのは、単なる「ゴミとの散歩」です。

【レベル1】

家事は「手伝うものではない」という意識を男性が持つこと。これがスタートラインです。味の素のCMはこの水準にも達していません。

【レベル2】

洗濯、皿洗い、休日の昼ごはん作り、もしくは毎日の朝食。朝ごはんは毎日同じメニューでよく、所要時間10~15分。料理のスキルはほとんどいらない家事ですが、男性がやるとそのぶん女性の身づくろいの時間が確保されるので、手間がかからない割にはポイントが高くなる家事です。

【レベル3】

休日の夕飯の支度になるとステップが上がります。

【レベル4】

もっともハードルが高くかつ大事なのが、平日の夕食作り。これでお父さんひとりで1日がまわせます。

お父さんだけで1日がまわるのはとても重要で、これでようやくお母さんはその日丸1日、フリーになれます。仕事から帰った瞬間に夕食ができあがっている、これは共働き世帯ならば男女を問わず、夢のようにありがたいことであるはずです。ところが男性がそれを当然視するために問題が生じるのですが、サッポロ一番は、その逆を描いた。お母さんをフリーにして残業を可能にする商品として打ち出したわけです。お父さんでも作れることをアピールするために、スーパーの買い物のところからお父さんが主役として描かれています。

しかも、これは休日のお昼ごはんではなく、平日の夕食作りです。スーパーで「チャーハンの素」などのパッケージを見ると、「パパでも作れる」などと書いてあるものがあります。休日の昼ごはんをお父さんが作ることも念頭に置いて、アピールしているのでしょう。でもサッポロ一番のこの商品はあえて、平日の夕食について、「パパでも作れる」というメッセージを送っています。子どもと一緒に買い物もしているので、冷蔵庫の中の在庫もある程度把握しているのかもしれません。「パパもこれくらいやってよね」。このCMを見ながらそうつぶやくママの顔が思い浮かびます。

夕食作りは、目の前の材料をレシピ通りに作っていくことだけのように誤解されますが、実はその手前の「お膳立て」にあたる部分の方が、高度な「知的作業」です。つまり、冷蔵庫の在庫を把握し、今日のメニューを決め、それにあわせて買い物をし、といった作業です。どうも男性の中には、この部分に対する意識が欠如していて、夕食を作っただけで、やったような気になっている人が多いように見受けられます。サッポロ一番のお父さん、鍋物の具材ぐらいで妻に聞くのはいかがかとは思いますが、買い物から始めていますから、単発の家事への関わりではなく、家事の全体図が見えていることが推測できます。

そして実はこの「自宅徒歩ゼロ分の時給の高いバイト」には、労災を防ぐ機能までついています。長い間保育所にかかわって見ていると、朝の送りがお父さん、夕方のお迎えがお母さんというご家庭が多いように感じます。週に1日でもよいのでお父さんがお迎えの日を作ってほしいと思います。

最低でも週に1日お父さんがお迎えに行く日を作っておけば、お父さんが過労で倒れる確率は低くなります。1日しか無理なら週の真ん中の水曜に設定することが効果的でしょう。保育所にまにあう時間に退社すれば、子どもを連れて帰った後、本当に体調が悪いときは、コンビニで何か買ってそのまま休めばいい。木・金働けば週末です。

このように妻の正社員としての就労を可能にする夫の家事は、破格に時給が高く、生涯で億単位の宝くじが確実に当たり、かつ過労による労災を防ぐ機能まで期待できるのです。こんなおトクなアルバイトが自宅徒歩ゼロ分で転がっているのに、やらない方が不思議です。

最近、大企業や地方公務員の女性を見ていると、出産で辞める人が少なくなっています。特に地方公務員の場合、どこで話を聞いても、出産で辞める人はほとんどいないといわれます。当たり前でしょう。地方公務員は安定した職場なので、ほぼ確実に2億円コース。結婚相手の男性もこの収入をドブに捨てるようなことはしない、というよりできないのです。その分どれだけきちんと家事育児を分担しているのかまでは知りませんが。

働き手を増やしてサスティナブルな社会へ

ここまでそれぞれの家庭の家計に着目してお話をしましたが、これは社会全体としても不可欠な取り組みです。女性が働きながら子育てのできない職場を作ることは、会社にとっては短期的なメリットになっているのかもしれません。家事育児に関与しない男ばかりを夜中まで働かせる職場です。しかし、長期的には社会的に大きな問題を引き起こします。

私がいつも用いているたとえで説明しましょう。植林をしない林業者と植林をする林業者が、自由市場で競争をしたと仮定します。これは必ず植林をしない林業者が勝ちます。当然です。相手が植林をしている間も伐採を続けられるので、樹一本にかかる工賃を安くできるからです。

しかし市場原理に任せてこれを放置すると、30年ほどで日本中の山はハゲ山になり、私たちは保水力を失った山林からの大水害というかたちで、植林のコストを30年間無視してきたツケを一度に払わされます。実は私たちは、植林をする林業者の高い樹を一本一本買うことで、30年後の大水害を防ぐ費用を積み立てていたことになるのです。

これは環境問題を考える上での基本的な論理で、公害のコストなど市場の外にあるマイナスの効果を価格に反映させる必要がある、という考え方です。「外部不経済の内部化」と呼ばれます。ばい煙や廃液を処理もせずに垂れ流す企業が有利になってしまう。これでは会社はもっても、社会はもちません。だからルールを作って企業に守らせ、その公害を防ぐコストを価格に転嫁させる必要があるのです。

この植林を子育てに置き換えてください。子育てをしない労働者と子育てをする労働者が競争するとどうなるか。もちろん結婚をするしない、子どもを持つ持たないは個人の自由です。ただ生まれてきた子どもには必ず父親と母親がいます。ところが6歳未満の子を持つ男性の育児時間は49分なのに対して女性は3時間45分（「社会生活基本調査」２０１６年）。

これがどういう意味を持つのか。小さな子どもがいる人が中途採用の面接にきたとして、考えてみましょう。平均初婚年齢は男性31・１歳、女性29・４歳（「人口動態統計月報年計」２０１８年）なので、この人は30代前半だと仮定します。このとき企業は、育児について男性なら背後に46分しか計算しないのに対して、女性のときには３時間45分を意識します。

なので「お子さん小さいですが、熱を出したときは大丈夫ですか？」「残業はできますか？」と男性には聞かない質問をします。これに対応できない人は正社員にはなれずパート止まり。男性ばかりが正社員となり、結果として子育てをしない人ばかりが正社員になってしまい、子育てのできない職場ができあがるのです。まさに会社はもっても社会がもたない。日本はそんな状態が続いてきました。そしてその結果として、極端な少子高齢社会、人口減少社会に行きついたのです。

多少のコストがかかったとしても、植林をして次の世代を育てる林業者を選ぶことで、30年後の大洪水のリスクを減らしていくことはできる。いまからでも、サスティナブルな社会を目指して人口減少のスピードを鈍化させる必要があります。少子高齢社会は働き手の減る社会。支えられる側が増えるため、支える側（＝働き手）を増やす政策は不可避です。そしてそれは高度成長期のように、男ばかりが残業するのではなく、たくさんの人が誰かのケアをしながら働く環境を作らないと社会がもたないのです。女性や高齢者を含めて働きたい人がみな、働ける社会を作る、これは喫緊の課題です。

話が大きくなったように感じるかもしれませんが、男性がワークライフバランスを見直すことが、縮小していく社会の歯止めになりうるわけです。育児や子育てを女性だけの問題ではなく、家族のこと、そして社会のこととして考えることの必要性をわかっていただけたでしょうか。

現状追認のメッセージ

ＣＭの問題点の説明から広げて、ジェンダーにまつわる社会状況の解説をしてきましたが、ここでもう一度ＣＭの問題に戻りましょう。これらのＣＭは第Ｉ象限、つまり訴求層は女性で、そこに内容として性役割を持ってくるＣＭです。味の素にせよ、ムーニーにせよ、当然ですが、訴求層たる女性を応援しようとして作っているわけです。にもかかわらず批判の的となった。

これは訴求層たる女性には届いており、それ以外の層から反発がきたわけではないので、メッセージそのものに問題があったとしかいいようがありません。描く家族像があまりに女性にのみ負担を強いるようなもので、単にそれを「大変ですよね、わかってますよ」といっている。

つまり家事育児における男性の不在を所与のものとして扱った上で、女性の苦労を描き「応援」したのです。サッポロ一番のような「半歩先」という感覚を与えず、現状を追認するだけになっています。これは少しタイムスパンを長くとれば、１９７５年のシャンメンのＣＭ「私、作る人。僕、食べる人」とあまり変わりません。男性不在への視点が欠けていたために、その不在を所与として疑わない女性からは支持されたのかもしれませんが、それに疑問を持つ人たちから少なからぬ反発を招いたわけです。

味の素が子どもの着替えを「手伝う」ワンカットだけで「固定的性役割分業を助長しない」といい切るあたりの頭の古さを見ると、批判自体も理解できていなかったのかもしれません。そんな会社だからこそ、女性に向けて応援のメッセージを送ったものが、メッセージそのものの古さゆえに批判された、と解釈することができそうです。メッセージの古さ、いいかえれば現状の追認・肯定です。この論点は４章でもう一度取り上げますが、もう少し高度成長期の性役割分業規範から離れて、少子高齢社会への対応策に目を向けてほしかったと思います。

1　藤田結子『ワンオペ育児』毎日新聞出版、２０１７年

2　「ムーニーのおむつＣＭに『ワンオペ育児を賛美しないで』批判→ユニ・チャーム「取り下げはせず」本来の意図は?」ハフポスト・泉谷由梨子　２０１７年5月10日

3　正規・非正規を問わず、２０２０年3月時点では基本的には「一年以上継続して雇用されている」「子供が1歳6カ月になる日の前日までに労働契約の期間が満了することが明らかでない」といったことが条件となる。

4　黒川伊保子『妻のトリセツ』講談社、２０１８年

5　四本裕子「男性脳・女性脳の有害性」『月刊保団連』２０１９年9月

6　舞田俊彦「理系リテラシーのジェンダー差（改）」データエッセイ　２０１５年9月12日より。ちなみに舞田のさまざまなデータ分析は四則演算しか使わないのだが、いずれも着眼点がすばらしい。

7　東大の女子学生には3億～4億と伝えている。

8　橘玲『専業主婦は2億円損をする』マガジンハウス、２０１７年、のように専業主婦の逸失利益が2億円あることは、すでにいわれていることだが、これを男性の家事の時給として計算し直したのは、管見のかぎりでいままでなかったのではないかと思う。

9　くわしくは瀬地山角「妻から合格点をもらえる家事・育児 超入門」東洋経済オンライン２０１４年10月２日　を参照のこと。

10　こうした「お膳立て」について、sentient activity という語を引きながら、男性が女性の「お膳立て」にのっかって家事をこなしたつもりになっていることを、息子による介護を例として明らかにしたのが平山亮『介護する息子たち——男性性の死角とケアのジェンダー分析』勁草書房、２０１７年

第2章——ファッションや化粧品のCMは難しい？
（容姿や性的メッセージ×女性）

女性に対し「あなたのキレイを応援します」というメッセージを打ち出したCMが、第Ⅱ象限になります。性役割分業とは重なりつつも少し異なる「女性らしさ」が大きく関わるところです。容姿／外見をグレードアップするように、女性に訴えかけるCMです。およそ化粧品やファッションの広告というのは、女性に「こうしたらもっとキレイになれる」と宣伝するものなのですが、これが一つ間違えると女性の側からの反発を招くことになります。

いくつかのCMをご紹介していきましょう。

「よけいなお世話」で炎上したルミネと資生堂

まずは、ルミネ『働く女性たちを応援するスペシャルムービー』（２０１５年）です。大炎上して話題になったのでご存じの方も多いと思いますが、謝罪と動画の非公開が早かったこともあり、映像自体を見たことのない方もいるかもしれません。

主人公の女性の通勤シーンから物語は始まります。女性はボーダーのカットソーに白のパンツ、トレンチコートを羽織り、黒のリュックといういでたちです。会社の前で先輩らしき男性と会い、あいさつを交わします。

先輩「なんか、顔、疲れてんなぁ。残業?･」
女性「いや、ふつうに寝ましたけど」
先輩「寝て、それ？　あははは」
会社に入ると、花柄のミニのフレアスカートにオレンジのカーディガン姿の女性が登場
先輩社員はこの女性に対して「髪切った?･」と問いかけます
すると、「あぁ〜これ、巻いただけですって〜」と笑顔で返答
先輩「巻いただけですって〜。やっぱかわいいなぁ。あの子」
女性「そうですね〜いい子だし」
先輩「だ〜いじょうぶだよ〜。吉野とは需要が違うんだし」
女性は立ち止まり、考えます。「需要?･」
そして、ここでテロップが出ます

【需要】じゅ・よう
　求められるこ*と*。
この場合、「単なる仕事仲間」であり「職場の華」ではないという揶揄（やゆ）。

この後、主人公の女性は「最近、さぼってた？」と独り言をつぶやき、画面全体に「変わりたい？　変わらなきゃ」というテロップ——

「働く女性の変わりたい」を応援するとの意図で制作されたこのムービーは、公開直後に大炎上。ツイッターなどでは不買運動を呼びかける声まで上がりました。ルミネは動画の公開を取りやめ、「弊社の動画においてご不快に思われる表現がありましたことを深くお詫び申し上げます」という謝罪文をウェブサイト上で発表しました。

女性を美しくするといった商品やサービスを展開している以上、キレイになることを是として打ち出す必要があります。そのとき、キレイになるということについて、何か別のメッセージを込めないと、男性の視線を介した生きづらさばかりが強調されかねません。しかし、ルミネはそれに大失敗してしまった。

次に同じような図式で炎上したのが、２０１６年に発表された資生堂のインテグレートのCM『Unhappy Birthday』です。

25歳の誕生日を迎えた主人公を、友人２人がお祝いしています。が、当人は「めでたくない」「めでたくない」と憂鬱そう。それを受けて、さっきまで「おめでとう」と言っていた友人も、「今日からあんたは女の子じゃない！」と言い放ちます。そして、「25歳なめんなよ」「世の中、いっきにリアルワールド」と嘆息

続いて、セリフとテロップがたたみかけます

「もうチヤホヤされないしほめてもくれない　下にはキラッキラした後輩　週末ごとにアップされる結婚式の写真　白いタキシードウケる(↑元カレ)　このままじゃやばい　なんで？いつからこうなった？　カワイイという武器はもはやこの手にはない！」

その後3人は、

「でも、カワイイ大人の人だっているもん！」

「いるよね～」

「どっちよ？」

「カワイイをアップデートできる女になるか、このままステイか、ってこと？」

「なんか……燃えてきた」

テロップ「生き方がこれからの顔になる」

若さとかわいらしさに比重を置いた価値観が問題視されたわけですが、インテグレートのCMはシリーズもので、別にもう1本ありました。

そちらはというと……

仕事中、サンドイッチを頬張りながらパソコンの画面を凝視している女性に、上司が「今日もがんばってるねえ」と声をかけます。

「ありがとうございます」と答えた女性に対し、上司は「それが顔に出ているうちはプロじゃない」とひと言。この言葉を、女性は友人たちと共有し深く納得します。

そして最後、「『がんばってる』を顔に出さない。　#いい女になろう」というメッセージとともに、ファンデーションを塗る女性の姿が映し出されるというものです。

こちらのCMも、「女は疲れていても、どんなに大変でもキレイであらねばいけないのか?」という声が上がりました。多くの批判を受けてこれらのCMはすぐに放送中止となり、ウェブ上の動画も削除されました。資生堂広報は公式サイトで次のようなコメントを出しています。

大人の女性になりたいと願う人たちを応援したいという当ＣＭの制作意図が十分に伝わらなかったことを真摯に受けとめ、総合的に勘案しつつ、今後のＰＲ、宣伝活動の参考にさせていただきます。

「こうしたらキレイになれる」と提案するＣＭが、女性に対して容姿・外見を整える圧力をかけてしまうのはほぼ不可避です。ただそこで前向きなメッセージとして受け取られるか、「よけいなお世話」と受け取られるかは、紙一重であるように見えて、北極と赤道くらい違うものなのです。

自分らしさを強調する西武とＰＯＬＡのＣＭ

このルミネとインテグレートの失敗に対し、同じようにファッションの販売店側と化粧品会社が、それを乗り越えようとするような対照的なＣＭを打ち出しました。まずは販売店側、西武・そごうのＣＭ。２０１９年の元日に公開されたもので「女の時代なんて、いらない。」

という力強いせりふから始まります。

女だから、強要される。
女だから、無視される。
女だから、減点される。
女であることの生きづらさが報道され、
そのたびに「女の時代」は遠ざかる。
今年はいよいよ、時代が変わる。本当ですか。期待していいのでしょうか。
活躍だ、進出だともてはやされるだけの
「女の時代」なら、永久に来なくていいと私たちは思う。
時代の中心に、男も女もない。わたしは、私に生まれたことを讃えたい。
来るべきなのは、一人ひとりがつくる、
「私の時代」だ。
そうやって想像するだけで、ワクワクしませんか。わたしは私。

一貫して女性の声が低く、音響も暗いもの。おまけに女性がパイを投げつけられ、そのクリームを顔から拭いさる場面が描かれています。「そうやって想像するだけで、ワクワクしませんか？」の箇所だけ少し明るい声のトーンになり、笑顔。前年にあった東京医科大学などの女子受験生減点入試事件や安倍政権の「女性活躍推進」がメッセージの背景として意識されているので、かなり知的な印象を受けます。西武やそごうで売っている商品は何も出てこないので、本当にメッセージだけのＣＭです。

もうひとつ、同じ化粧品メーカーでインテグレートと対照的なつくりになっているのがＰＯＬＡです。『ＰＯＬＡリクルートフォーラム　これからだ、私。』というもので、２０１６年に公開されました。

交差点の信号待ちで十数人の男性に紛れ、じっと前を見つめる女性
何かに憤っているかのように、コピーをとる女性
男性社員が去った会議室で、一人で飲み物の片づけをする女性
パソコンの画面から目を離し、ため息をつくようにおなかをなでる妊娠中の女性

こうした女性を映し出しながら、次のようなナレーションが流れます。

この国は女性にとって発展途上だ
限られたチャンス　立ちはだかるアンフェア
かつての常識は　ただのしがらみになっている
それが　私には不自由だ
迷うな、惑わされるな　大切なことは、私自身が知っている
これからだ、私。
自分という旗を立てよう、ＰＯＬＡ

ラストのシーンでは山の見える高原にぽつんとたつＰＯＬＡと書かれた小さな店舗が映ります。その後、化粧パレットを背景にキャッチコピー。
「人を美しくする仕事は、美しい。」

ＢＧＭは１９６０年代の黒人女性シンガー、ドロシー・プリンスの『Every Night』。音響として西武・そごうのＣＭのような暗さはありませんが、出てくる女性たちの表情には、ため息や涙があふれ、笑顔は一切ありません。「これからだ、私。」のせりふの後にアップになる女性の表情は、キリッと目を見開いて覚悟のようなものを感じさせます。

ＰＯＬＡは資生堂のように百貨店の化粧品フロアで店舗を構えて商品を売るだけではなく、女性がビューティーディレクター（かつてはポーラレディと呼ばれていました）として歩合制販売をする業態もある会社です。主婦のパートのような形態も含めて店舗で働き、最終的には店舗の経営まで目指すことができるという独特の働き方をもっています。ぽつんと出てくるＰＯＬＡという看板の店舗は、その営業形態を象徴するもの。そして「人を美しくする仕事は美しい」というメッセージは、それまで描かれたさまざまな企業で苦しんでいる女性たちに、違う働き方があると呼びかけているのです。中途採用を意識したものと考えられます。

それなりに好評だったのでしょう、翌年２０１７年に第２弾が出されます。

この国には　幻の女性が住んでいる

世間が　そして私自身が作った幻想
誰かの「そうあるべき」が重なって
私が私の鎖になりそうになる
縛るな、縛られるな
翼はなくとも　私は飛び立てる
これからだ、私。
ＰＯＬＡ

そして、ＰＯＬＡのロゴが映し出された後、セリフはなくキャッチコピー。

「ポーラという働き方があります」


同じＢＧＭですが、第１弾と比べると笑顔の女性が出てきて、少し明るいつくりになっています。第１弾にはなかった、就活生の姿が映像に出てくることもポイントです。

さらに２０１８年に第３弾。はじめて女子高生もカットの中に入り、就職の面接に並ぶ女子大生が出てきます。第１弾で妊娠中の会社員の苦悩の表情が描かれたのに比べると、全体的に訴求層が若くなっていることが見てとれ、より強く就活生にスポットが当たります。

最後は風に吹かれて髪がなびく女性の顔がアップになります。

私を含め、化粧にうとい男性が見たら一見地味に見えるかもしれませんが、そこは化粧品会社です。口紅やチークの色味を抑えているので地味に見えるのですが、眉やアイラインなど目元まわりにしっかりメイクを入れており、強い意思を感じさせる若い女性の真剣な表情になっています。

この国では二つの顔が必要だ
個性を大切にと学校は教える
空気を読めと会社はいう
けれど私は私、自分だけの風を吹かせたい
私は準備ができている
世の中はどうだ
ＰＯＬＡ

リクルートフォーラム

資生堂のインテグレートが特定の化粧品を売ろうとしているのに対し、ＰＯＬＡは働き方をアピールしているので、動画のつくりが違うのはある意味で当然でしょう。ただ企業のＣＭとして自社での女性の働き方を売り込むというのは、珍しいように思います。他社で不当な扱いを受けているかもしれない女性たちに向けて、「これからだ、私。」と語りかけ、「人を美しくする仕事は美しい」と自社の仕事内容を説明する。そして第２弾・第３弾は、映像を含めて明らかに、中途採用よりも就活中の大学生がターゲットになっています。これらがインテグレートに対する強烈なアンチテーゼになっているのは、わかっていただけると思います。

お見事だった『メーク女子高生のヒミツ』

一方でそういう観点から見たときに、次に紹介する資生堂の動画はなかなか興味深いものです。資生堂自身がインテグレートの問題点を乗り越えるメッセージを作っているのです。

2015年の『High School Girl? メーク女子高生のヒミツ』（以下『女子高生のヒミツ』）を見てみましょう。

教室のドアの前に立つ女性教師を映し出した後、カメラは教室の中に入り、思い思いに過ごす10人ほどの制服姿の女子生徒たちの姿を映していきます。女子高なのでしょう。教科書とノートを机に出し先生を待つ子、黒板の前に立つ子、ギターを抱える子……。窓際で本を読む子の手元がアップになり、その本にはこんなメッセージが書かれています。

「この教室に男子がいたの、気づいた？」

そこからビデオが逆回転し、撮影するまでのメイクの様子を巻き戻す形で見せていきます。大勢の人が一人ひとりにメイクを施す過程が巻き戻され、「女子高生」の素顔が明らかになっていくと……教室にいた女子生徒、すべてが男子だったのです。

そしてカメラは教室を出て、ふたたび女性教師の姿を捉えます。すると、「彼女」はおもむろにカツラを脱ぎさりカメラをにらみつけ、「彼」の顔のアップで映像は終わります。

この動画を見たとき、「お見事！」と思いました。

この本を作る過程で、さまざまなCMを見てきたのですが、ファッション業界や化粧品メーカーが批判を受けない、「政治的に正しい」CMを作るのは簡単ではないというのがよくわかりました。「政治的に正しい」というのは英語の politically correct に対する訳語で、「差別や人権に目配りをした用語法」です。5章でもう一度取り上げます。

自社の商品を購入してもらうためには、女性にキレイになりたい、変わりたいという意識・欲求を抱いてもらう必要があります。ですがその提示のしかたを少し間違えると、男性からの視線や加齢に対する過剰な意識が強調され、どうしても選ばれる対象としての女性の生きづらさが、前景化してしまいます。

つまり商品の特性上女性の容姿・外見を重視せざるをえず、最終的には性的魅力や性役割分業規範と合致するようなつくりになりやすい。そうしたものとどうやって差異化するのかが難しい領域なのです。これを十二分に意識しているために、西武・そごうやPOLAは工夫しているのですが、その反面これらはどうしても堅く、理屈っぽいつくりのものになり、メッセージの伝わる層が限定されてしまいます。

これに対しこの『女子高生のヒミツ』は、男性を「美人」にするという設定で、男性が購入するわけではありませんから、誰も傷つけたり、あおったりすることはありません。そして「誰でもカワイクしちゃいます」というコピーとともに商品の効能をアピールし、最後は、先生まで男性。しかも、おっさん！というオチまでつけている。特設サイトではちゃっかり、メイクに使った化粧品を購入するサイトにも飛べるようになっています。自社の化粧品の能力を訴えかけることに成功しており、化粧品のCMとしてはなかなかのできだと思うのです。

時代錯誤な「賞味期限」感覚

メッセージそのものというより、そうしたメッセージの社会背景を踏まえた対比を考えるために、もう一度インテグレートに戻ります。「キレイ」だけだと露骨なので「カワイイ」を使い、さらに「生き方がこれからの顔になる」という表現で、「生き方で変えられる」と逃れようとしているのですが、いまどき25歳が分岐点というのは、いくらなんでも早すぎます。企業側から見ると、新入社員の少し上のセグメント（資生堂広報のいう「大人の女性になりたいと願う人たち」）をターゲットとして、より高額な商品を売るための戦略だったのかもしれませんが。

高度成長期のころ、女性の結婚について、「クリスマスケーキ」という言葉がありました。25（歳）を過ぎると価値がなくなることからつけられたものです。いまでは20代前半に結婚となるとむしろ早いと思うでしょうから、隔世の感があります。その後この言葉は「年越しそば」になり、「賞味期限」の分岐点が30歳と考えられた時代があります。

ただ1章でも取り上げましたが、女性の平均初婚年齢は29・4歳（2018年）。東京では30歳を超えているので、30代の未婚を「年越しそば」などと揶揄する人はいないでしょう。

少し歴史的な説明を加えるとすれば、こうした「賞味期限感覚」をひっくり返した象徴的なものとして、酒井順子の『負け犬の遠吠え』（講談社）をあげることができます。出版されたのは2003年。「30代、未婚、子なし」を自ら「負け犬」として、自虐ネタを展開するのですが、実はこれ、周囲からのプレッシャーを自らの手ではねのける言葉になっています。「早く結婚したら」といわれても、「はいはい、負け犬ですよ、すみませんね」だけでなく、「で、それが何か問題でも?」と。

「それが何か問題でも?」とは一切書いておらず、ひたすら自虐ネタです。たとえるなら犬がゴロンと腹を見せて「はい、負け犬です」というので、それ以上の批判ができない。しかも「遠吠え」なので単なる負け惜しみで実害はないとアピールしている。その結果として

「よけいなお世話です、我が道を行くのでほっといてください」というメッセージが読後感として伝わってくるという興味深い本で一世を風靡（ふうび）しました。台湾の書店で平積みになった中国語版を見て、確かに東アジアでは同じようにウケるだろうなと思いました。

このように2000年代前半にはすでに賞味期限感覚がなくなっているというのに、インテグレートはよりによってかつての「クリスマスケーキ」的な価値観を発信してしまった。これはかなりの時代錯誤です。世の女性たちが「いまどきクリスマスケーキはないでしょ」と猛反発したのはよくわかります。

そして、くりかえしますが、そのように考えたときに、女性向けファッションの大手としてルミネの失敗に学んだのが西武・そごうのネットCMとなり、資生堂インテグレートに対応するのがPOLAとなります。ルミネに西武・そごう、資生堂のインテグレートにPOLAを対比させると、前者に比べ後者のメッセージは、シリアスな笑顔の少ないもの。自社の製品は前景化されず、働く女性の直面する差別を描き、それに立ち向かおうとする力強い情報発信です。ルミネにあった「巻いただけですって〜。やっぱかわいいなぁ。あの子」などという男性からの目線はなく、インテグレートのように25歳で「かわいくない」というのではなく、30代の働き方に目がいっています。

個人的な好みをいうと、こうした西武・そごうやPOLAのようなCMはメッセージに対して私は「よくぞ、しっかりいってくれた」と思いますし、好感を覚えます。理不尽な差別に負けまいとする知的な女性たちへの応援であり、そもそも私の研究者としての原点に関わる視座です。こうした性差別に対する怒りが、私をこの途に駆り立てた出発点なので、ここは譲れません。

ただそこから少し距離をおいてCMとして考えると、おそらく訴求層は大都市部の高学歴女性が中心になり、ボリュームとしては必ずしも多くないのではないかとも考えられます。西武・そごうやPOLAはまさにその層に訴えようとしたのでしょうから、それはマーケティング戦略として十分理解できます。

ただ一方でファッションや化粧品の市場が細分化されていることを前提にすると、こうしたストレートな対抗的メッセージを肯定的に受け止める層と、「巻いただけですって〜」を受容する層は、まさにルミネのCMの中のように、すれ違ってしまっているのではないかと思われます。

そう考えたときに『女子高生のヒミツ』はそのすれ違いをさらっと越えてしまっている。これがCMとしておもしろいなと思った理由です。つまり化粧品のCMでいうと、インテグレートが炎上し、対抗としてPOLAのメッセージが打ち出されるわけですが、『女子高生のヒミツ』はそうした対立を飛び越えた地平にあるのです。

もちろん、男性への化粧の広がりや、トランスジェンダーの人たちへの訴求も意識したCMなのかもしれません。しかしどう考えてもそれは商品の購買層という意味でははるかに小さく、それが訴求層の中心ではないはずです。女子高生の教室が、先生を含めて全部男性だったというストーリーの意外性という意味でも、およそ言語や文化を越えておもしろいできでしょう。くわえて化粧品の力を、主要な購買層である女性を媒介とせずに伝える、という意味で、CMとしてなかなかのものだと思うのです。

「自由」と女性らしさ

これらの事例は、前章でお話しした性別についての「平等」と「自由」を理解する上で、とてもわかりやすい事例なので、少し解説を加えておきます。特に「性別からの自由」に関わる論点です。

1章で生物学的な性差の話をしました。性別について、より厳密には、「出生時に割りふられた性」という言葉を使うことがあります。インターセックスのように、両方の性器などを持った人たちが、出生時にどちらか一方にふりわけられてしまうからです。そうした意味も含めて「生物学的な性」と考えられているものすらも、社会的に作られると捉えるのは現在のジェンダー論の常識です。[1]

ただ、ここでそこまで深入りするのはやめておきます。男女という二分法を前提とした上で、その性別から自由であることが大事だということに力点を置いて議論を進めることにします。もちろんそれは女性が女性らしくあることを否定するものではありません。「女性らしさ」を強いられることから逃れられればいいわけで、逆に、女性らしくないように無理矢理させられることからも逃れられればいい。1章でも述べたように多くの人が「特定の人の前」「職場」といった状況に応じてこの「らしさ」を使い分けている、もしくはそうしたいと思っているはずです。

ルミネの動画の主人公の女性は、よくいるふつうの女性です。服装はカジュアルで髪型やメイクもナチュラル。職場では単に一人の働き手として評価されたいと思っているのでしょう。それなのに、ファッションや髪型などを後輩と比較され、頼んでもいないのに一方的に、「需要が違う」などといわれてしまう。しかも、そのことで本人が葛藤を抱えることになる。

そもそも化粧っ気のない顔を見て「寝て、それ？」なんてどう考えても「暴言」で、まともな男性ならふつう口にはしないはずです。逆に口にしてしまう人がいるとしたら、態度を改めることを強くおすすめします。おまけに「職場の華」なんていうずいぶん「古風な」、働く女性を外見だけで判断するような言葉まで使われていて、このルミネのCMはもはやセクハラのオンパレード。多くの働く女性を敵に回してしまったのは当然です。

およそおしゃれは機能性との両立が難しいもので、清潔感を保って仕事のしやすい身なりで会社にきているのに、なぜ文句をいわれるのか。もちろんそういう女性がタイプではないと思う男性はいるでしょうが、女性の方もそんな男性を相手にする必要はないわけで、「大きなお世話」としかいいようがありません。男性だって寝ぐせやひげの剃りのこしやネクタイの長さが合ってないことをいちいちいわれたら（特定の人がそうやってチェックしてくれるのでうれしい、と思うことはあるかもしれませんが）、「ほっといて」といいたい人もいるはずです。

確かにあまりに外見に無頓着なのもいかがかと思うときもあります。勤務先の学内用語で「イカ東」というのがあります。「いかにも東大生」を略した言葉で、ジョギングシューズに太めのジーンズで、ユニクロのチェックのシャツをインして着る、しかもベルトが細い黒だったり……といったイタい外見を揶揄する言葉です。もちろんそんな学生はかなり少数派ですが、要は外見に対する要求水準の低い空間なのです。そんな空間にいると、がんばっておしゃれをする気にあまりなれず、逆に物足りなく思うこともあります。講義での女子学生からの感想でも「男子のみなさん、もう少し外見に気を遣いましょう」などというのが出てきます。その意味で外見に気を配ることが悪いとは思いません。一手間かかっても、多少不自由でも、がんばって外見を整えようと思うこと自体は、肯定されるべきことです。

ただ一方で、たとえば研究室に泊まり込んで実験をしたり、夜明けまで修士論文で苦しんだりする院生たちのように、研究に集中したいという人たちに、いちいち外見を求めるのもおかしいと思います。仕事に集中したいときに、外見を最優先にできないのは誰にでもあることで、そこで女性にだけ圧力がかかるのは、我が身にあてはめて不当だというしかありません。ですから髪をセットしてフルメークで働き続ける女性たちにかかる圧力はよくわかります。

だからこそ西武・そごうは、「女であることの生きづらさ」を強調するわけです。さらにきちんと「わたしは私であることを讃えたい」と主張する。これは「女らしさ」ではなく、「自分らしさ」を肯定する基本的なメッセージ。西武・そごうにもＰＯＬＡにも同じ「私は私」という言葉が使われています。これは性別からの自由を表す典型的な表現です。

　後輩の女性が髪を巻く自由はあるし、主人公の女性がボーダーにほぼノーメイクで出社する自由もある。でも会社に（男性に）、なぜそんなことまで求められなくてはいけないのか？大きなお世話、といいたくなるのは当然です。

　そういう視点から見るとルミネがやったのは、ファッションや美に必ずしもすごく興味関心があるわけではない人に向けて、女性ファッション誌をつきつけたようなこと、といえば伝わるでしょうか。『CLASSY.』『VERY』『STORY』など（いずれも光文社、すみませんちょっと忖度しました）、ファッション雑誌はそれぞれ、年齢層ごとにターゲットがあり、そして保守的なのかモード系（『Vogue』『Cosmopolitan』など）なのか傾向を明確にしている。読み手はそれを知っていて好みのものを選択する。そこには、読まない、という選択肢もあるわけです。20代後半向けのファッション誌も当然あり、それを買うのは自由なのですが、「この化粧品を買わないと25歳過ぎたらかわいくない」と関係ない人にまで訴求してしまうので、インテグレートは炎上するわけです。

　「変わりたい」を応援するのならば、ごく自然に「あんなふうになりたい」と思わせるのがCMの目的だったはず。しかし、ルミネやインテグレートには興味がない、関心のない人に

「いままでは需要がないよ」「かわいさ維持できない」と否定し、「はい、これ！」「参考にして！」「この程度はめざさないと！」と押しつけた。頼んでもいないのに、勝手に「女子力判定」をし、一方的に点数を下したわけです。

「女子力」という呪い

この「女子力」という言葉は２０１０年代に普及した用語で、かなりのくせものなので少しだけ解説を加えておきます。２０１４年、「ＳＴＡＰ細胞が発見された」と大騒ぎになったとき小保方晴子さんが注目を集め、割烹着を着て実験している姿が大きな話題となったことがあります（その後論文は取り下げられ、ＳＴＡＰ細胞の発見自体も否定されました）[2]。

そのとき理系の女子学生が、「研究室に女子力とか冗談やめてほしい」「割烹着なんてどうでもいいよ」と口々に呆れていたのを覚えています。「イケメン限定の研究室」なんてものがもしあったら、どれくらい不愉快、という以前に（要件を満たさないという意味で）アクセス不能なものか男子学生のみなさんにも考えてほしいと思います。

「美人」だとか「女性らしい」といってしまうと露骨に値踏みをしたり、性役割分担にはめ込んだりしているように見える。それをごまかすための「女性らしさ」の表現が「女子力」なのだと思いますが、「男子力」とはいいません。男子に対しても「女子力高い」という用法がありますから、「気配りが聞く」「ケア役割ができる」「家事能力がある」といった要素が含まれるのでしょう。ただ外見・容姿が含まれていることは間違いなく事実で、それを「女子力」はうまく隠してしまっているように思えるのです。

外見にかかる圧力を告発した例としては、２０１９年に石川優実が、女性だけヒールのある靴を履かされることを告発し＃ＫuＴｏｏ運動をツイッター上で立ち上げたことがあげられるでしょう。[3] ＢＢＣが選出する「１００人の女性」に選ばれ、２０２０年にはＣＮＮの番組でヒラリー・クリントンもこれを取り上げました。[4] 私は外の仕事が続くときに、ビジネスパーソンがふつうに使う革靴すらさけて、スニーカーやウォーキングシューズで移動することがあるので、気持ちはよくわかります。

時代は戻ってしまいますが、２０１５年に東大を卒業し大手広告代理店の電通で、めちゃくちゃな残業をさせられたあげくに過労死した高橋まつりさんが生前のツイートで、こう書いています。

男性上司から女子力がないだのなんだのと言われるの、笑いを取るためのいじりだとしても我慢の限界である。おじさんが禿げても男子力がないと言われないのずるいよね。鬱だ〜。[5]

自死する5日前のツイートです。

2020年代に「女子力」なんぞを強調する議論があったとしたら、それは女性を型にはめる議論であること、そしてときには命に関わるような問題であることに意識的であってほしいと思います。

訴求層の分断

ルミネにしても、インテグレートにしても、抗議の声を上げたのは女性です。だからこそ、その抗議する層にあわせて、西武・そごうやPOLAは違うメッセージを打ち出すわけです。一方で、「何がいけないのかわからない」という女性の声もありました。表現に対して賛否両論があるのは当然ですが、それぞれを分析して考えると、問題の根源はルミネやインテグレートのＣＭが訴求層を分断してしまったことにあるのではないかと思うのです。

髪を巻く女性と巻かない女性。
「需要」に応え、「職場の華」になりたいと思う女性とそうではない女性。
25歳を過ぎて、カワイイを維持したいと思うのか、思わないのか。
忙しかろうと、外見をきちんとすることを最優先するのか、仕事に注力するのか。

およそ広告を作るときに、訴求層を分析して絞り、ターゲットを想定するのは当然ですが、その分断線を強調してあおると反発が起こる。そうしたパターンを見てとることができます。ただこれは実は何も説明したことにはなっていません。発信する側が分断しようと思ってやってはいないため、「地雷」は炎上した後にしかわからないことになるからです。

そこでもうひと言つけ加えるとすれば、これらのＣＭが炎上したのは、誰かの価値を一方的に下げ、「それを引き上げましょう」という形で発信をしていることが一因ではないかと思うのです。たとえば大都市部の駅によくある予備校の広告を例にして考えてみましょう。
「第一志望はゆずれない」というキャッチコピーは受験生相手なら誰にでも通じるでしょう。

「ゆずれない」というほどの固い決意はなくても、ほかよりは行きたい学校だから第一志望なわけで、「第一志望に通りたい」のは誰しも同じです。「なんで私が○○大に」は、成績の低い比較対象が過去のその人自身なので、誰かの価値を下げはしません。これを「60点以下じゃ大学危ない」と基準までつけて分断してあおってしまうと、「アタシには関係ないよ」という層を生み出すのは当たり前です。

万人受けするように見える予備校の広告も、そもそも家庭の都合で大学には行けない、家庭の都合で塾や予備校なんて行けないという高校生にとってはつらいものでしょう。それと同じように60点以下じゃ「需要がない」だの「かわいくない」だのといわれたら、「あんたは何サマ?」といいたくなる。これがこの炎上の構図です。

それにしたがっていうと、インテグレートのCMは25歳という明確な基準を前面に出しすぎたために、25歳以上の女性を敵に回したのですが、『女子高生のヒミツ』は男性を「カワイクしちゃった」ので、敵を作っていないわけです。

しかし、だとすれば逆に、この程度の地雷に気がつかない制作側がおかしいといわざるをえません。男性目線の「需要」って?　いまどき25歳が分岐点?　これを訴求層である働く女性層に打ち出すのは、働く親（女性とは限りません）に平日の朝、キャラ弁を作れ、というのと同じくらい無理筋です。次の章での論点を先取りすれば、レースクイーンをご当地キャラにしてしまうのと同じくらい的外れです。肯定的に受け取る人がいるのは確かですが、一方でどれだけの人に圧迫感や不快感を与えるメッセージになるのか、わからないのでしょうか。想像力に欠けるという以前に、意思決定プロセスに何かゆがみがあるのではないかと思わずにはいられません。災害用の備蓄品に生理用品を入れ忘れていた私の勤務先と同様に、です。

20代後半で仕事に精を出している女性に向かって、「需要」だの「職場の華」だのと考える男性からの目線や外見に対する規範を強調するCMができあがるとき、その現場にはつねに半数くらいは女性がいたのでしょうか？　外見を磨こうという意欲や欲望は悪いことではないですし、それが異性の視線を介したものであることも、それ自体が問題なのではありません。男女を問わず、結婚や出会いを意識する人が少なくないこの年齢期に、異性を意識し外見に気を遣おうとする人がたくさんいるのは、ある意味で当たり前のことです。そしてそれがその人の主体的な判断である限り、当然ですが、そのこと自体を否定するべきではありません。それも「性別からの自由」の重要な一部分です。

一方で仕事に集中したいという男性がいるのと同じように、仕事に集中したいという女性も当然います。だとすればここで問題があると取り上げたCMの制作過程で、なぜそうした女性たちの感覚は反映されなかったのでしょうか。それがふつうに意識されていれば、少なくとも公表と同時に炎上して、撤回・謝罪するなんて無駄なことにはならないはずなのですが。

1 たとえばジュディス・バトラー『ジェンダー・トラブル』竹村和子訳、青弓社、1999年、を参照のこと

2 瀬地山角「STAP細胞『女性・30歳』報道は日韓だけ?」東洋経済オンライン2014年2月13日、では研究が否定される前の報道のあり方を論じた。

3 石川優実『#KuToo ― 靴から考える本気のフェミニズム ―』現代書館、2019年

4 Fareed Zakaria がホストを務める「GPS」という番組。2020年3月8日の国際女性デーに初配信。

5 高橋幸美・川人博『過労死ゼロの社会を――高橋まつりさんはなぜ亡くなったのか』連合出版、2017年

第3章——何が「性的」とみなされるのか？（性的なメッセージ×男性）

本章では性的なメッセージを含む広告などについて、出す側は大丈夫だと思っていたのに、ふたを開けるとバッシングを食らったというケースを取り上げます。第Ⅲ象限なので、一般にも通用すると思ったものが男性のみを想定したつくりになってしまっており、そこに性的メッセージを投げかけたので批判されるというパターンです。広告を出す際には、「このくらいは大丈夫」とか、「ちょっとエッジが効いていて注目されるだろう」と思っていたのでしょうが、結局引っ込めることになったものになります。

「性的」の線引きはどこにあるか

この章では、すぐに問題となった広告に入る前に少し準備作業をします。なぜ問題になるのかの背景として、まずは「何が性的なのか」というあたりから議論をする必要があるからです。

日本では水着のグラビアやヌード写真などが掲載された男性誌やスポーツ新聞を、駅の売店でふつうに購入することができます。ですがこれが許容されるのは、世界的に珍しいことだと考えるべきだと思います。アメリカなら怪しげな特別な店に行かないと手に入れることはできません。２０２０年に予定されていた東京オリンピック・パラリンピックを前に、大手コンビニチェーンは成人向け雑誌の販売を原則中止しましたが、今後こうした流れは広がっていくでしょう。

かつては化粧品メーカー、飲料メーカーなどさまざまな企業が、水着キャンペーンガールを自社の宣伝やＰＲに起用していました。大手繊維メーカーのキャンペーンガールは、モデルや女優の登竜門ともいわれ、毎年話題になってきました。しかしある時期から、キャンペーンガールという宣伝方法そのものをやめる企業や、水着の着用をことさらアピールしない企業も多くなっているようです。

水着に対するハードルが上がっているのでしょう。テレビのコマーシャルでも、水着姿の女性が映るのは、夏場の女性向けの日焼け止めくらい。電車の車内広告でも、肌を露出しているのは女性向けの脱毛サロンの広告だったりします。そう考えると、１９８０年に放送されたミノルタの一眼レフカメラ「Ｘ―７」のＣＭは現在ではありえないのかもしれません。当時、熊本大学の学生だった宮崎美子（よしこ）がビーチの木陰で服を脱ぎ水着姿になるというもので、ただそれだけといえばそれだけなのですが、大きな注目を集め、私も記憶しています。

また昨今、ミスコンテストから水着審査をやめる動きがあります。世界三大ミスコンテストのひとつ、ミス・ワールドは２０１４年に水着審査を取りやめました。２０１８年にはミス・アメリカでも廃止になりました。

個人的には、水着をやめたから性的なものにならないかというと、そうではないように思います。さらにミスコンに関していえば、どうせ外見で優劣をつけていることに変わりはないのですから、ある意味では水着になるかならないかはどうでもいいことだと思っています。

よくミスコン主催者サイドから「知性や心など内面も審査」といったことがいわれます。ただ私は「外見が優れている」という評価軸で（男女を問わず）人を選ぶこと自体は、歌のうまい人を評価するのと同程度には許されてよいと考えています。外見は、学力がそうであるのと同じように、ある種の才能と努力の結果としてあるもので、学力は努力だけど外見は持って生まれたものというのは、現実に反するはずです。

俳優やアナウンサーなどテレビに出る人たちは男女を問わず、外見でふるいにかけられているのは誰でも知っていることです。関係ない職種にまで外見が持ち込まれて、「研究室に女子力」なんて冗談じゃないと思いますし、外見を重んじるルッキズムが批判の対象となっているのは当然のことですが。

ですので「キレイな人を選びました」というのは、のど自慢大会の「歌のうまい人を選びました」という程度には肯定していいというのが私の立場です。したがって「ミスコン＝性差別で全部やめるべき」とは考えません。他方で女性の場合は、それが社会の要求する女性に対する規範と強く一致してしまうために、圧力を生みかねません。歌が下手な人の生きづらさと、外見に恵まれない（と思っている）女性の生きづらさは、絶対に同格ではありません。ですので、仮に万が一、各都道府県庁がミスコンをやるとしたら、それには絶対賛成できません。[1]

話を元に戻しましょう。水着の女性の写真やポスターは昔から性的な存在として流通していました。そして、社会に幅を利かせていたおじさん層のおかげで、ふつうにあるものとして許されていたわけです。しかし、水着の女性を取り上げる雑誌は読者とともに年をとり、新しい雑誌も生まれてこなくなりました。ネットという新たな場ができたわけですが、そこでは雑誌だったら起きなかった問題――「見たくない人は見なければいい」というルールが通用しなくなるという問題を抱えることになります。受け手もメディアも変わり、情報の均衡点が変わったわけです。

問題視された数々の事例

この数年で「性的で女性差別だ」と問題視された広告やPR動画をいくつかあげていきますが、やはり、ネット限定のものが多いようです。

●三重県志摩市／志摩市非公認キャラクター「碧志摩（あおしま）メグ」（2014年）

志摩市の公認の海女キャラクターとして制作され、名前も一般公募で決定。しかし、胸や太ももなど体の線が強調されていて性的である、海女の文化を侮辱しているといった抗議の声が上がり、公認撤回を求める署名運動に発展します。

当初、市側は「批判は一つの意見として受け止めている。地域の活性化、若者に海女への関心を持ってもらうことなどを考えたデザイン」との見解を示していましたが、批判の声は収まらず、最終的には、作者からの申し出によって公認は撤回。非公認キャラクターとして活動を継続しています。現在ではさまざまなグッズでキャラクター展開され、クラウドファンディングによるアニメ化も実現しています。[2]

●鹿児島県志布志市／ふるさと納税ＰＲ動画『少女Ｕ』（２０１６年）

養殖うなぎをスクール水着姿の少女に擬人化。うなぎが大切に育てられていることを、少女がプールで気持ちよさそうに水を浴び、フラフープで遊んだり、プールサイドでおいしそうに食事をしたりといった映像によって表現したものです。

最後、少女は「さようなら」と去っていき、その姿は一匹のうなぎに変わります。「志布志の豊かな自然で育ちました」とのテロップの後にうなぎの蒲焼きが映し出されます。

性差別だけでなく、小児性愛や誘拐監禁を想起させる性倒錯的な動画であると批判が殺到。海外メディアからも注目を集める事態となりました。

●宮城県／仙台・宮城観光ＰＲ動画『涼（りょう）・宮城（ぐうじょう）の夏』（２０１７年）

宮城県が観光客誘致のために制作した２分半ほどの映像。タレントの壇蜜演じる「仙台藩主、伊達家家臣の末裔（まつえい）といわれている、お蜜」が、夏バテの伊達家主人（宮城県のご当地キャラクター）を涼しい宮城に案内しもてなす、という物語。

随所にさしこまれている唇のアップ。「みやぎ、イっちゃう?･」「気持ちいい～」「上、乗ってもいいですか?・」などのセリフに、ネット上では、「下品」「悪趣味」「行政が税金で作ったとは思えない」「宮城に行く気がうせる」といった批判が上がりました。

こうした声に対し、宮城県知事村井嘉浩は「可もなく不可もなくというようなものは関心を呼びませんので、リスクを負っても皆さんに見ていただくものをと思いました」「私としては非常に面白くていいんじゃないかと思いました。あれを見て『宮城に行かない』とか、そういう感じにはならないのではないか」と答えました。[3]

●NHK/ノーベル賞解説サイトに「キズナアイ」を起用(2018年)

NHKが特設サイト「ノーベル賞まるわかり授業」のホスト役に、バーチャルユーチューバー「キズナアイ」を起用。キズナアイは日本政府観光局の訪日促進アンバサダーにも就任する、世界にファンを持つキャラクター。しかし、この起用について、キズナアイの萌え絵が性的で度がすぎると弁護士の太田啓子がツイッター上で問題視。[4]これに賛同する人たちとキズナアイ擁護派との間で論争に発展しました。

●日本赤十字/献血ポスターの『宇崎ちゃんは遊びたい!・』(2019年)

日本赤十字社は若い世代へ献血を募るために、漫画『宇崎ちゃんは遊びたい！』とコラボをし、献血協力者に主人公の女性「宇崎ちゃん」をデザインしたクリアファイルを配布するというキャンペーンを展開します。

発端は２０１９年10月14日、アメリカ人男性が東京・新宿東口駅前の献血ルーム前に掲示されていたキャンペーンポスターを見て、ツイッターで問題提起。２日後、それを引用する形で太田啓子が「日本赤十字社が『宇崎ちゃんは遊びたい』×献血コラボキャンペーンということでこういうポスターを貼ってるようですが、本当に無神経だと思います。なんであえてこういうイラストなのか、もう麻痺してるんでしょうけど公共空間で環境型セクハラしてるようなものですよ」[5]とツイートし、大きな炎上案件に。

性的表現＝女性蔑視か

まず、議論の出発点で確認しておきたいのは、性的であることが必ずしも女性蔑視であるとは限らないということです。自ら性的なメッセージを発したい、もしくはセックスワークに従事したいと考える女性もいて、それが自由な意思に基づいていれば、それ自体が否定されることではありません。個人が性的である、性的情報を発信する主体となる自由は守られるべきです。当然ですが、そこに強制がないことが前提です。[6]

次に何をもって「わいせつである」「性的である」といえるのでしょうか。ここには刑法175条のわいせつ物頒布等の罪をめぐるポリティクスと、セクシュアルハラスメントの一類型である環境型セクハラが関係しています。

まずわいせつ物頒布等の罪における、「わいせつ」という概念について見てみましょう。これは時代によって大きく変わっていくものです。イギリスの小説『チャタレイ夫人の恋人』の日本語訳本がわいせつ文書かどうかで争われたのは1950年。マルキ・ド・サドの『悪徳の栄え』の裁判が起きたのは1959年。さほど大昔のことではなく、日本では戦後になってもつい数十年前までは、文字で書かれた性的表現でもわいせつとされ、認められないケースがあったのです。

しかし現在ではおそらく、文字作品を「わいせつ物」として立件するのは不可能でしょう。現時点では、映像で性器が映ったら「わいせつ」というルールになっているわけですが、これまた変わったルールです。性器を映さないためにモザイクという処理がされています。このモザイクはアジアには若干ありますが、欧米にはない特殊なルールです。これによってコンドームの装着がきちんと描かれないといった問題点もあり、性器が見えるかどうかに議論が集中することはおかしいと私は考えます。

児童ポルノについては、そこに子どもが映っていたら明確な犯罪です。被害者が存在するわけですから。しかしその意味で逆に、いわゆるロリコン漫画は犯罪にはできません。オタクとかロリコン層をわざわざ礼讃する必要はもちろんありませんが、性的嗜好自体を犯罪視することは、決してやってはならず、犯罪が起きた時点で処罰すべきことです。小児性愛という欲望自体を処罰の対象とするのではなく、実写でないものに留めている限り犯罪にすべきではないと私は考えます。行為に及んだときに犯罪とするということを守らないと、人のファンタジーまで犯罪にすることになるからです。

2002年に成人向け漫画がわいせつ物にあたるとして訴えられ、有罪となった「松文館裁判」がありますが、この場合は漫画が「写実的」であることが問題とされました。[7] 写真と同じ扱いにされたわけです。ただ写真ではない二次元のものを犯罪にするのはかなり難しいはずです。なぜなら、被写体となる被害者が存在せず、保護法益（その罰則によって守られるもの）が「公序良俗（公共の秩序善良の風俗）」しかないからです。保護法益が公序良俗しかないのなら、基本的には発行そのものを禁止するのではなく、ゾーニングによって見たくない人が見ずにすむように、棲み分けをはかるべきだと考えます。この「ゾーニング」は第Ⅲ象限のキーワードなので、何度も使います。

棲み分けるとなると、発信を禁止しない代わりに、公共の空間での性的情報は、発信する自由よりも、不快だと思う人の感覚を優先すべきだということになります。したがってさまざまな人の目にとまる電車の中で、雑誌広告に水着の写真を使うのはやめるべきでしょう。

いいかえればこれは日本の公共空間における性の露出を、どの程度許すのかという問題になります。駅の売店で売っているスポーツ新聞や週刊誌の性表現は、そうした観点から見たときに、明らかに度が過ぎるといわざるをえません。働く女性が増え通勤の場での女性のプレゼンスが高まったことも踏まえ、公共空間のルールや均衡点を変えていく必要があります。おじさんたちばかりの空間だったから許されたものが、「環境型セクハラ」と呼ばれるようになるのです。

萌え絵は性的で女性差別なのか？

碧志摩メグやキズナアイは、その表現自体が、わいせつ物になるわけではありません。小さな顔に大きな瞳。ありえないような大きな胸というのが萌え絵の世界の基本的な文法で、そのお作法を「正しく」踏襲（とうしゅう）したキャラだと思います。

現実にこうした顔や体をした人間は存在しえないが、ある層の妄想によって存在するものであり、それが性的欲望の反映であるために不快に感じる人がいる、という構図になります。他方で萌え絵は日本ではすでに世の中に十分に普及している表現です。これが好きな人がいるだろうし、そのこと自体を責める必要はありません。

キズナアイ騒動の件、私もサイトのトップ画面の絵を見て驚きました。胸が極端に強調され、胸の下部やお腹も肌が出ている。キズナアイのことを何も知らずにいきなりこれを見たら、嫌だと思う人はいるでしょう。少し露出度が高すぎるように思います。テレビ番組でいうなら、民放の深夜番組ではＯＫでしょうが、20時のゴールデンタイムで放送できるかというと微妙なライン。

しかし、トップ画面のワンカットがなければ大丈夫だったようにも思いました。ＮＨＫはノーベル賞×キズナアイというギャップを狙ったわけで、その意図はよくわかりますし、思い切って踏み込んだ。その効果として、関心を持たなかった層に関心を抱かせるという意味で成功した側面はあると思います。ただ、キズナアイで大丈夫と思った時点で、もう少し露出を抑えるべきだった。

社会は分断されていて、キズナアイや碧志摩メグを支持する層は「なんで、こんなので問題にされなきゃいけないの？　しかも二次元で誰が傷つくの？」と思う。一方、批判する側から見れば、ＮＨＫや自治体がなぜ女性のキャラクターで性的なメッセージを強調するのかと思う。これも立論として間違いではないでしょう。逆に特定の層だけが見ていれば、炎上はしない内容なのですが、それが一般の空間にまであふれ出した。くりかえしになりますが、ＮＨＫは冒険をした。けれど、想定をしていなかった外の人が見てしまったわけです。

宮城県のケースはもっと深刻だと思います。知事の村井嘉浩は記者会見で「賛否両論あってよい」との立場を取ったのですが、その後女性県議全員（７人）が動画の配信中止を申し入れました。[8]さらにおひざ元、仙台市の市長奥山恵美子は、「決して女性が見て心地よいというか素直に受け止められるところだけではないという印象を持ちました」と述べています。[9]最終的には予定より１カ月早く動画の配信は停止されました。[10]キズナアイはＮＨＫとはいえノーベル賞特設サイトの話ですが、これは人口約２３０万の宮城県全体の観光ＰＲです。さすがに自治体としては「賛否両論」ですむ話ではありません。女性県議の比率が違えば、あるいは知事が女性だったら、こんな動画は出てこないはずです。女性の政治家が少ないことが、結果としてこういうゆがみを生んでしまうのです。

また巻末付録で2019年に、自衛隊の滋賀地方協力本部の自衛官募集のポスターが性的すぎると批判を浴びた例をとりあげているのですが、村井嘉浩も元自衛官で宮城地方連絡部募集課に所属していたことがあります。自衛官募集の広報担当部署にいたのです。これらは自衛隊という男性中心の組織の体質がよく表れているもので、単なる偶然とは思えません。どちらも「女性が見てどう思うか」という発想が皆無なのです。

インターネットはかつて、ある特定の人たちが見るものでした。しかしいまはまったく違います。これまで取り上げた事例のほとんどがウェブサイトでの広告・PR動画ですし、炎上というのはつねにネット上で起きています。ネットはほぼ公的空間になり、想定外の人が見る可能性が十二分にある。マニア向けのサイトなら何も問題にならないはずのコンテンツを、広告に持ってきて失敗したというのがこれらの事例なのです。

そしてネットは異議申し立ての声を拡散させる力も持っています。たとえば、碧志摩メグについて、当初集まった公認撤回の署名は地元の人300人程度でした。当時の人口で5万強の三重県志摩市というメジャーとはいいがたい自治体のキャラクターの話です。地元紙が取り上げたとしても、全国まで拡散することはなかったでしょう。

しかし、結果として7000を超える署名を集めることができたのは、「Change.org」というウェブサイトを通じてキャンペーンが行われたからです。[11] Change.orgは、「社会を変えるためのキャンペーンに参加しやり遂げるためにすべての人に権利を与え、どこからでもはじめられるようにする」ことを目的にしたサービスです。私もテーマによっては賛同し署名をするのですが、Change.orgを使えば、個人の小さな声でも世界に届けることができる。共感・賛同する人がいれば、万単位の署名を集めることができるのです。社会は分断されているけれど、ネットを通してつながっているということを、発信側ももう少し意識してほしいと思います。

男性へアピールするお酒のＣＭ

一方ここまで、自治体や公共性の高い団体のものをあげてきましたが、民間企業にこうしたものがないわけではありません。巻末の付録にあげてあるのでそれを参照していただきたいのですが、２０１０年　アサヒビール／「くつろぎ仕込」、２０１３年　アサヒビール／「プライムリッチ」、２０１７年　サントリー／「頂」、２０１７年　サントリー／「ふんわり鏡月」など、列挙するとお酒のＣＭでしかも同じメーカーが話題になっています。ほかの商品もありますが、お酒が目につくのは間違いなさそうです。

これらはいずれも、主な消費者は男性です。発泡酒や第３のビール（その他ビール系）は、飲むのは男性でもスーパーで買うのは女性ということも多く、ビールに比べると性的なメッセージを抑えるのですが、４つあげたうち、「ふんわり鏡月」以外は全部、その他のビール系に入るものです。「プライムリッチ」の「リッチしよう」は商品名を覚えてもらうために「エッチ」と引っかけた。「頂」はアルコール度数が高いので、男性層に訴求する必要があった。こうした理由から女性を訴求層と考えないＣＭを作ったように思われます。

いきなり相席を求めてくる女性が出てきたり（頂）、石原さとみが「主任、甘くないこれ、すきでしょ」「わかりますよ、何年いっしょだと思ってるんですか」（ふんわり鏡月）など思わせぶりなことをいう。北川景子がひざに乗ってきて見上げながら「くつろぎ仕込、飲も」という（くつろぎ仕込）。いずれも男性の願望を投影し、商品名や特徴を覚えてもらうという狙いなのでしょう。

昔の呑み屋にあったビール会社の水着のポスターのように、男性しか見なければ特に問題はないのでしょうが、これを女性が見ると「そんなに都合よく女を扱うな」という反論がくる。民間企業で訴求層が男性なので、このパターンはくりかえし出てくるようです。「ふんわり鏡月」の家で飲むシーンは大きな批判はなく、会話もうまいように思えました。ですので男性向けに訴求して作るということ自体は、問題ないと思われます。「女性がお酒を作るシーンが差別的」との意見もあったようですが、宴会でついでまわるのではなく、ふたりで飲んでいるときですから男性同士でもありえるでしょう。「ふんわり鏡月」の居酒屋でのシーン、こんなに自分を褒めてくれる都合のよい女性はいないということがわかっていたら、願望の投影として消費される分にはまぁいいかな、と思います。

同じ会社が複数回出していますから、批判を織り込んだ上でエッジの効いた広告を作ろうとしていると思われます。好きでもない上司とふたりで酒を飲まされるとしたら、それはもはや会話の内容以前にハラスメントですが。

仕掛けの必要性

あえて話を脱線させて話題を変えます。ＮＨＫの番組『チコちゃんに叱られる！』が大人気です。「歌うときマイクを持たない手を動かすのはなぜ？」「ピアノはどうして白と黒なのか？」――。そんな疑問にも思わないようなことを、チコちゃん（5歳）が問いかけ、大人がとんちんかんな答えをすると「ボーッと生きてんじゃねぇよ！」と叱られる。

　放送は毎週金曜日夜8時台というゴールデンアワーで、再放送は土曜の朝8時15分。朝の連続テレビ小説の後です。どちらも、家族でテレビを見る時間帯であり、実際に子どもから年配層まで幅広く支持される番組になりました。

　その理由のひとつはチコちゃんが5歳児、という設定にあります。「ボーッと生きてんじゃねぇよ！」というチコちゃんの決めぜりふを、もし中年の男性がいったら、ただの暴言です。子どもにしてみたらおそろしいし、年配層からはなんでそんなことをいわれなくてはならないのかと反発がくる。

「ボーッと生きてんじゃねぇよ！」は5歳児だから許されるわけで、この5歳児という設定は番組最後のお便りコーナーでも徹底されています。ご存じの方も多いでしょうが、お便りコーナーで年配の方からの73歳と書いてあるハガキが読み上げられたりすると、チコちゃんは「ほぼ5歳やね」と答えます。「質問はすべて5歳でお願いします」というのがお約束になっていますね。どうしてこのやり方を採用したのか、番組プロデューサーのインタビューを読んで、納得しました。プロデューサーはインタビューに答えて、「あれ、発明ですよね」

と語っています。

「会議で、全員5歳って書く決まりをつくろうというアイデアが出ました。どんな内容が来ても『5歳』っていうのは、全部をチャーミングに見せる魔法の言葉ですし、僕ら的には『チコちゃんワールドへようこそ』という入り口なんですよ。
『5歳』と書いてくれたら、チコちゃんの世界を面白がってくれていることが伝わってきます。ほんとにどんな人でも面白くチャーミングになりますよね。警察署長『5歳』でも」[12]

そもそも、あの番組は開発段階では40代以下を対象に、エッジの効いた番組をというコンセプトだったそうです。ふたを開けてみると予想を超えて視聴者が広がり、結果的に3世代が見る番組を目指すことになった。本来だったらお年寄りが見る番組にはなりえなかったのに、主人公のチコちゃんは5歳。手紙を出す人が何歳であろうと「5歳」と書いてあるから、だいたい同じ。こうしたしかけによって、みんなが5歳になって、みんなが入れるようになったわけです。

訴求層の間違い＝ゾーニングの失敗

誰が見ても大丈夫、というのは、いいかえれば無難なものということになります。エッジを効かせるというのは相当難しい。しかも、マーケットはセグメント化している。ＣＭの炎上の方程式として、１章では「味の素」や「ムーニー」に見られる現状追認のメッセージの古さ、２章では「ルミネ」や「インテグレート」に代表される訴求層の分断といった要因を紹介してきました。これに対して、この章で出てきたＣＭやＰＲがやったミスは、「訴求層の間違い」ということになるかと思います。

宮城県の動画や志布志市の『少女Ｕ』、志摩市の碧志摩メグは公的な自治体の発である以上、訴求層が「社会一般」の人たちと広くなります。それなのに、ああした男性にのみ訴求するような表現方法やキャラクターを選んでしまった。

観光やふるさと納税の促進を訴えるのですから、収入や納税額の多い男性を主なターゲットにしようと考えるのはわからなくはありません。ただ自治体全体のＰＲでもある以上、男女関係なく、広くみんなに訴えるべきなのに、男性のみへのメッセージになっている。これは訴求層の想定を間違えているとしかいいようがありません。ご当地のゆるキャラは、文字通り「ゆるく」誰からも好まれるものであることが重要で、わざわざ特定の層から反発を買いかねないようなものを持ってきてしまったというのが、これらに共通する間違いです。水着姿のレースクイーンなんかをご当地キャラにする自治体などないはずですが、たとえていえばそれと同じようなミスだと考えます。

一方、キズナアイは年齢層が高めの女性が見るということを、そもそも想定していませんでした。ターゲットは若い世代。訴求層の判断とキャラクターの選択に間違いはなかったけれど、そのさじ加減を誤った。訴求層の間違いは、厳密にいうと、訴求層の全体像を捉えることに失敗をし、特定の層（この場合男性）に強く受け入れられるものを、ほかの層にも投げかけてしまった。特に公的な性格を持つものなので、特定の層にはOKだったものも、その外側から批判をされてしまうことになります。したがって訴求層の外側で問題になります。その意味でゾーニングに失敗したということになります。

ここでさきほど少し言及した「環境型セクハラ」の話に戻ります。セクハラは通常「対価型セクハラ」と「環境型セクハラ」の2つに分類されます。前者はたとえば「昇進させてやるから」もしくは逆に「いうことを聞かないとクビだ」といった対価を用いてハラスメントをするケース。これに対し後者、「環境型セクハラ」はたとえば職場にビキニの水着のポスターを貼ることのように、職場で性的メッセージの強いものを人の目に触れるようなところに出す行為です。後者は厳密には女性差別とは別のものです。性的メッセージを特定の空間でどの程度許容するのかという線引きに関わる問題だからです。不快に感じるのが多くの場合女性なので、重なって見えることになりますが、論理は異なります。

そうしたことを踏まえ太田啓子は、公共空間で性的なメッセージが強く出ている『宇崎ちゃんは遊びたい！』の献血ポスターについて、「公共空間で環境型セクハラしてるようなもの」と批判したわけです。親戚に高校生の女の子がいたので聞いたのですが、高校生などの間で献血はノベルティをもらうためのもので、それを目当てに連れ立って行くことがよくあるのだそうです。あの『宇崎ちゃんは遊びたい！』を使った献血の募集は、同人誌を販売する日本有数の大規模イベント、コミックマーケット（通称コミケ）では効果があったとのことで、その意味ではうまく機能したのでしょう。

そういった背景を考えると、批判を浴びたときに日本赤十字が出した「今回のキャンペーンも献血にご協力いただけるファンの方を対象として実施させていただきました。なお、今回のキャンペーンはノベルティの配布を目的としており、ポスターなどによる一般の方への

PRを目的にしたものではありません」[13]というコメントは大変正直なもので、現場としてはその通りだったのだろうと思います。

ところがそれを新宿の駅でやってしまった。この献血センターは新宿の地下街にあり、私も何度も通ったことがある場所です。そこにいきなりあの胸が強調された「宇崎ちゃん」が出てきたら、「環境型セクハラしてるようなもの」だという意見が出るのは理解できます。若いオタク系の人がたくさん集まるコミケなら効果的な広告なのでしょうが、老若男女が通る新宿の地下街に持ってきてしまうのは、さすがにゾーニングとして失敗です。日本社会がゾーニングに甘いことも一因だろうと思われます。

その意味でも、最初のきっかけとなったツイートがアメリカ人の男性からのものだったことは、とてもよく理解できます。アメリカの感覚なら、あの空間にあの性的なメッセージを持つものが出てくるのは、かなり違和感があるはずです。アメリカには性器にモザイクをかけるという規制はありませんが、そうしたものは特定の場所で消費されるもので、公共の空間での性的表現は、日本に比べるとかなり抑制的です。そのため見た瞬間に「いかがなものか」という疑問がわいたのでしょう。しかもそれを民間企業ではなく、公共性の高い日本赤十字社がやってしまった。不買運動もできませんから、反発だけが膨らみます。

男性向けの性的な商品を不快に感じる女性がたくさんいることは事実で、その人たちが不快に感じないようにするしくみが必要なのですが、それはそうした表現が「女性差別」かどうかということとは、無関係ではないですが、同じではありません。さしあたりは別です。ここで問題なのは表現の内容ではなく、その性描写をどの範囲までオープンにするかが問われており、まさにゾーニングの問題です。そしてそのゾーニングの間違いという意味で「環境型セクハラしてるようなもの」と批判されてしまうのだと思います。

日本赤十字社は宇崎ちゃんとのコラボキャンペーンの第２弾を打ち出し、クリアファイルを胸をあまり強調しないものにしました。これに対し批判の急先鋒だった太田啓子もツイッターで「いい方向になったんだな、赤十字社がはじめからこういう企画でやっていたらよかったですね[14]」とコメント。矛を収めることとなりました。

ただ胸の強調がなくなったわけではなく、逆に私はこれならいいのか、と疑問が残ってしまいました。日本赤十字社を批判したいのではなく、胸の強調がどの程度だったら許されるのかの線引きを、私もはっきりと示すことができないのです。これはマニュアル化できるはずもなく、やはり不愉快に思う人がいることを想定しつつ線を引いていくしかないのでしょう。その均衡点は時代とともに変わっていくのですが。

「バナナ姫ルナ」の成功

そう考えると、この第Ⅲ象限で無難にこなして、かつ発信力を持たせるというのは、繊細な注意が必要な課題なのでしょう。発信力に期待したメッセージが、男性の願望のみを反映していることに気がつかず、公共の空間に出した瞬間に批判が噴出（ふんしゅつ）したわけですから。

さきほど脱線して話したチコちゃんにここで戻ってきます。チコちゃんは日本を代表するゆるキャラなのかもしれません。（「すべての日本『国民』に問います」という表現で、日本社会に暮らしている数多くの外国人を排除している点は、かねてから問題だと思っていますが、それは5章でもう一度取り上げます）。チコちゃんは5歳、性的なメッセージはほぼゼロです。だから無難なキャラになり、「ボーッと生きてんじゃねぇよ」という暴言も許される。そしてその傍若無人（ぼうじゃくぶじん）で無敵の5歳児にスタジオの大人がみんなひれ伏す。上手なしかけです。

逆にいうと制作者が多少は、女性性、フェミニティのようなものを込めて発信しようとして、成功した（もしくは少なくとも大失敗はしなかった）事例はかなり少ないように思われます。

そうした観点から興味深いのが、北九州市の「バナナ姫ルナ」です。ご存じの方もいらっしゃるでしょう。バナナ姫ルナは、門司港（もじこう）バナナのＰＲのためにイラストキャラクターとして誕生した「バナナの妖精」を、２０１６年に市の観光課所属の女性職員が自らコスプレをして「三次元化」。市内外のイベントに登場し、テレビや新聞、ネットニュースに取り上げられたりもしました。後にこの市職員が3児の母だとわかり、それもまた話題になりました。２０１８年春に一度引退するのですが、半年ほどで活動を再開しています。

いうまでもありませんが、コスプレ自体を否定するべきではありません。ある人がハロウインでミニスカポリスの衣装をまとう自由は当然認められます。とはいえ、コスプレが人口１００万近い大都市の観光ＰＲの公式なキャラクターとして認められ、支持されたという意味で、これは珍しいケースだと思うのです。

その理由のひとつはまず、コスプレをしているのは、もともとハロウィンで仮装するなどの趣味がある市の職員である点です。企画によって一方的に作られたものではなく、当人の自主性があります。これをヘタに批判すると、当事者個人を非難することになります。コスプレが好きだといっている人がやっているわけですから、これを問題視すると、なぜコスプレがいけないのか？　市職員はコスプレをしてはいけないのか？　といった反論を呼び込むことになります。

一方でそのコスチュームの露出は控えめだったことにも注意が必要です。丈の長い白と黄色のワンピースを着ていて、バナナの髪飾りなど、どことなく手作り感があります（というよりそもそも全部手作りなのでしょう）。足元は黄色のハイヒールで写真だけ見ればコミケにいるような服装です。コミケではなんの問題もないでしょうが、それが北九州市のPR主体になった。同じくコミケなら受け入れられた「宇崎ちゃん」は公共の空間に出ると炎上したのに、バナナ姫は大きな反発を食らわなかったということになります。

全国各地にある着ぐるみのゆるキャラは、性的なメッセージを発することはありませんし、してはいけない。碧志摩メグを見る限り、それは自明です。ところがバナナ姫ルナは生身の女性が、「女性の愛らしさ」を利用しつつ、メディアでも注目されながら、大きな反発は受けることなく、結果としてぎりぎりの線を守ったという意味で、かなり珍しい事例だと思われるのです。

性的なメッセージをターゲットに向けて投げたつもりでも、外から非難の球が飛んでくることがあることは何度も述べました。それを自治体がやるときは相当に注意をしなくてはならないでしょう。しかも、訴求層は細かく分かれているため、みんなが見てＯＫというものを制作するのが難しくなっているのだと思います。

たとえるなら、バッターボックスにはいろんな人が立っていて、ターゲットのバッターのストライクゾーンに投げているつもりなのに、デッドボールになってしまう。外角高めなら大丈夫だろうと思って投げたら、大暴投となる。というよりもはや野球というスポーツのルールが共有されていないと考えた方がよいと思います。世の中には野球以外のスポーツをしている人がたくさんいて、そもそも（サッカーのように）手を使っちゃいけないスポーツもある。それぞれのルールがあるのに、発信する側にはそこが見えていないのです。そのまま野球のルールで発信をしようとするから「手で投げたから反則」なんてことになる。これは危険です。

だからこそゾーニングが重要で、公共空間での露出度は下げて、男性の願望・欲望だけを反映するようなものにならないことが必要になります。しかし、安全など真ん中を投げるとつまらない、というより広告として成り立たない。何かひねらないとダメなのがテレビや広告の世界ですから。

その意味で、ＮＨＫのキズナアイの起用は、相当にひねったのだと思います。読ませよう、興味を持ってもらおうという意図は伝わります。だから、ワンカット目も踏み込んだ。しかし、踏み込みすぎてデッドボールになる人がいた。そして、ヘルメットを叩き付けて、マウンドにかけよってきた、ということになります。宮城県のＣＭも、よく見かけるような観光案内とは違う路線を取ろうとした。ところがそのメッセージが完全に中年男性の願望の表出のようなものになっており、炎上したわけです。

この性的なメッセージの領域ではなかなかストライクの広告を作るのは難しい時代なのでしょう。男性の視点から作られるものが多く、さまざまな世代の女性たちがどのように感じるかについて十分に配慮されていない。少なくともそのことに気がついていない広告が多く、訴求層の読み間違いからゾーニングに失敗して痛い目に遭っていると考えられます。

つまり3章のＣＭがやってしまったのは、訴求層を読み間違えてしまい、男性目線の性的なメッセージを出してしまったという失敗です。特に公共性の高い団体が発信する場合は注意が必要で、公共性がある以上ゾーニングが難しく、だとすると広い層を意識した発信が必要だということになります。

1　こうした論点については瀬地山角「よりよい性の商品化へ向けて」江原由美子編『フェミニズムの主張』勁草書房、１９９2年、でくわしく論じている。
2　「碧志摩メグアニメ化プロジェクト」http://ama-megu.com/anime2017/
3　宮城県公式サイト「知事記者会見」２０１7年7月10日
4　@katepanda2 ２０１8年10月2日ツイート
5　@katepanda2 ２０１9年10月14日ツイート
6　瀬地山角「性の商品化とリベラリズム」江原由美子編『フェミニズムとリベラリズム』勁草書房、２００1年
7　長岡義幸『「わいせつコミック」裁判：松文館事件の全貌！』道出版、２００4年
8　「壇蜜さん動画　宮城県副知事『問題ない、しばらく続ける』」毎日新聞電子版２０１7年7月22日
9　「壇蜜の『エロ系』宮城ＰＲ動画、奥山恵美子・仙台市長は『品位に欠けると言われてもやむを得ない』と苦言」ハフポスト２０１7年7月18日
10　宮城県公式サイト「平成29年度『知事への提案』に寄せられた御意見・御提案の紹介」２０１7年8月
11　Change.org 三重県志摩市公認萌えキャラクター「碧志摩メグ」の公認撤回を求める署名運動
12　「『チコちゃんに叱られる！』に見られるＮＨＫらしくなさ。ではＮＨＫらしさとは何なのか責任者に聞いてみた」Yahoo!JAPAN ニュース・木俣冬　２０１8年10月26日
13　「宇崎ちゃん論争を考えたい」ＮＨＫ生活情報ブログ２０２０年2月21日

14　@katepanda2　２０２０年2月1日ツイート

第4章 ——「はたらけ！」といわれる男たち（性役割×男性）

本章では第Ⅳ象限、主に男性の性役割を描くのですが、男性向けに発信したら女性に届いてしまい批判を浴びるといったパターンのものを紹介していきます。

男女の間に権利の差がない「平等」という概念のほかに、「性別からの自由」がないと、結局、人は性別によって判断され縛られる。このことを何度も強調してきました。ジェンダーという言葉は、現実の男女のさまざまな違いのほとんどが、生物学的に決まっているものではなく、人間が作り出したものにすぎないとあばくことができた。そこから性別からの自由に依拠して性役割分業を「差別」として告発してきたわけです。

ただここまでは「家事や育児は母親の仕事」「女らしさの強制」など、女性サイドに立った事例が多く登場してきましたが、性別による決めつけを息苦しいと感じるのは、女性だけではありません。本章が扱うのは、男性にかかる性役割の重圧です。

男性にかかる性役割の重圧

「男性がリードしなきゃ」
「デートでは食事代は男性がおごるのが当然」

「男のくせに、運転が下手」
「男ならテレビの配線ができて当たり前」などなど。

いまどき「だまってオレについてこい！」というタイプの若い男性はほとんどいません。なぜこんな「だまってオレに」型の男性が絶滅危惧種になったのか、理由は簡単です。「だまってオレについてこい」といって三歩歩いて振り返ったら女性が誰もついてこないからです。女性だって「私の意見も聞いてほしい」というようになった。当たり前のことでしょう。デート代も割り勘が増えているそうです。

でも、そんな女性たちが「でもイザというときは私をひっぱってくれる頼りがいのある人でないと」などとのたまうので「なにサマのつもりじゃ」とツッコみたくなるのです。ふだんは「意見を聞け」といい、困ったときは突然「意見を聞かずにひっぱれ」なんて、同じ項目について逆のことを求めているわけで、無理がありすぎます。女性だって「華奢（きゃしゃ）でグラマーになってほしい」なんていわれたらどうしていいのかわからなくなるはずです。「いつも優しく癒してくれて、ときどきぐいぐいひっぱってくれる」こんなのペットの犬しかいないんです。これを生身の人間のオス1匹に求めないでほしいと私は思います。

そうした観点から見たときに問題となる、男性にかかる性役割の圧力について考えていきましょう。代表的なのは、「男は稼いで家族を養う」というもの。私は大学院に行ったので20代の間ずっと学生で、アルバイトで食いつなぐ生活でした。ちょうどバブルのころで、かつての同級生がボーナスで100万円以上もらっているようなときに年収200万円にも届きませんでした。ですから稼げないことについて負い目を感じていたように思います。

正確にいうと、「自分の仕事は研究なのだから、負い目なんて感じる必要はない」と思っていた時期もありました。ただ、当時同棲していた相手から、つまらぬけんかの果てに「出て行け」といわれたとき、畳一畳分の家賃も払っていなかったことと、その瞬間に即座に出て行くお金がなかったことをものすごく後悔しました。他人の分はともかく、最低限自分の食いぶちくらいは自分で稼ぐというのは、自分の尊厳にとってすごく大事なんだなと大変強く思い知りました。

ところが男性の場合、そこに妻子の分が入るわけです。まぁ子どもの分は親として分担して負担するのは当然ですが、私はパートナーの分まで稼ごうとは思いません。でもそうした男性の稼ぎ手としての役割を強調するCMはかなりあります。

栄養ドリンクのＣＭに見える男性像

あからさまだったのが、一昔前の栄養ドリンクのＣＭです。象徴的なキャッチコピーが「24時間戦えますか」。一世を風靡しました。その「リゲイン」もさすがにその後「人間は24時間戦えない」という当たり前の事実に気がついてくれたようですが、取り上げたいＣＭはまだまだあります。たとえば、プロゴルファーの丸山茂樹が出演していたタケダの「アリナミンＶ」。ご記憶の方も多いでしょう。

たとえば、こんなシーンが描かれていました。

玄関先で、つらそうな表情の夫を妻が送り出します。

「あなた、疲れてるんじゃない？」

講演では、ここで一度再生を止めます。「ふつう、この後にくるのは、『今日は無理せずに休んだら』とかいう言葉ですよね。」と説明をはさみ、再生を開始。

妻はアリナミンVを差し出しながら、こう続けます。

「でも、がんばってね♪」

そして、夫は明るい表情になって「うん」とうなずき「いってきまーす」といいながら、アリナミンVの小型ロケットエンジンを背中に装着して大空へと飛んでいきます。

「なんで男だけ、こんな目に遭わなあかんのですか。しかもたかだかアリナミンV一本で。かわいそうに丸山茂樹、もう自分では会社によう行かんから、ロケットで飛ばされていくんですよ」。こうコメントすると会場からなんともいえぬ笑いがおきます。このCMをはじめて見たとき、妻役の女性に対して「なんで、おまえは働かんでええねん?」と一人でツッコんだのを覚えています。

第2弾ではさらに、玄関先に子どもの姿まで登場します。妻と子に見送られての、「パパがんばって〜」のプレッシャーはあまりにも強烈です。当然批判もあったのでしょう。その後、女性も一緒に飛んでいくというバージョンも登場しましたが、いずれにせよ、「疲れてるのね、でもがんばって」はメンタルヘルスに問題を抱える人には、背筋の凍るようなメッセージです。

大鵬薬品の「チオビタドリンク」のＣＭにも戦慄（せんりつ）を覚えました。このＣＭは、『愛情一本チオビタドリンク』というせりふの後に、愛情のかけらもないおそろしい言葉が出てくるので、そこをよく見ててくださいね」と話してから流します。

「おっと、おっと、夫のピンチだ！」とくりかえすアップテンポなＢＧＭとともに、主婦役の高島礼子がチオビタドリンクを充填したロケット砲のようなものを抱え屋上に駆け上がります。

そして、「あなた〜！」のかけ声とともにドリンクを発射。職場で上司に叱られて書類を投げつけられている夫のもとにドリンクが届けられる。

おそろしいのが最後のシーンです。「愛情一本チオビタドリンク」というお決まりのせりふの後、風にゆれる、洗濯物の脇で仁王立ちの高島礼子が低い声でひと言つぶやくのです。

「はたらけ！」

だいたい爆笑になります。これのどこが愛情やねん？

笑い話ですめばいいのですが、これが冗談にならないのは、自殺が男性に多いことと関係すると思うからです。２０１９年の自殺者２万１６９人のうち、男性が１万４０７８人（警察庁）と約7割が男性になります。人口比で見ると日本は世界有数の「自殺大国」なのです。[1]

しかも、年齢別に見ると2010年代以降差が縮まってきてはいるものの、50代男性の自殺率が高く、かつ20代から40代前半まで男性の死因のトップは自殺です。実は自殺は隠れた男性問題。2010年代以降減りましたが、「経済・生活問題」を理由に中高年の男性が死ぬというのが、日本の自殺のひとつの構図で、そう考えたときに「でもがんばってね」や「はたらけ」は実は笑ってすませることのできないメッセージなのです。「男なんだから働かなきゃいけない。妻や子のためにがんばらなきゃいけない」。こうしたメッセージに苦しさを感じた男性はいたはずです。

こうした栄養ドリンクの世界と表裏となるのが、味の素やムーニーの世界です。男だろうが、女だろうが、「男だから」「女だから」ということで何かを押しつけられることは不自由ではないでしょうか？　もちろんそれがいいという人がそうふるまうことを止めるつもりはありませんが、そのようにふるまわない自由、性別からの自由が必要だと私は思うのです。

男性が許容する？　男性差別

こうした栄養ドリンクなどのＣＭは男性をターゲットに性役割を描いており、私の感覚から見れば「男性差別」となる代表例となるわけですが、こうした「男性差別」的なＣＭに当の男性からの批判が大きくなることは稀です。

２０１７年にも、ＪＸエネルギー「ＥＮＥＯＳでんき」のＣＭが、「男性差別だ！」としてネットニュースなどに取り上げられましたが、炎上とまではいきませんでした。

その内容はというと……

主婦がリビングでお茶を飲みながら、友達に愚痴っています

「主婦って、自由に使えるお金が少ないのよね」

「ホント」と同意する友達

「解決策は2つあるわ」と、目を見開き一言、こう言います

「安い電気に換えるか、稼ぎのいい夫に換えるか」

１９８６年に流行語にもなった「亭主元気で留守がいい」というキャッチコピーで有名になったキンチョーの「タンスにゴン」のＣＭの流れを汲むもので、時代によって多少の変化

はありつつも、定番といっていいいじりです。男性にとってもジョークですむ、許容範囲だったのかもしれません。もちろん、私を含め、「月々たかだか千円や二千円分電気代を節約するより、女性が働けばいいのに」と思った方は少なくないでしょうが。

同じ2017年に出た、保険のビュッフェ（当時のブランド名）のCM「結婚式篇」もやはり自虐ネタ路線。

公園のベンチに座り、涙ぐみながらスマートフォンにおさめられた彼女との思い出の写真を消す男性

「くるつもりはなかったのに」といいながら向かったのは教会

「どうしても君に聞きたいことがあって」

そうつぶやきながら、大きな扉を開けると、中では結婚式の真っ最中

誓いのキスをしようとするカップルに、男性は「ルリ子ー！」と駆け寄る

男性「俺は……俺は君のなんだったんだ？」

女性「大事な……」

男性「大事な？」

女性「保険」
テロップ「幸せには、きっと保険が必要だ」

これは笑えました。確かにENEOSにせよ、保険のビュッフェにせよ、どちらも男女を入れ替えたら、大きな問題になっていたことでしょう。考え方によってはかなり辛らつなCMともいえます。しかし、私は不快に感じる男性のいい分もわからないわけではないですが、保険のビュッフェのCMには笑ってしまいました。関西人として、あのオチは笑いとして成立していたと思います、座布団1枚。ENEOSでんきも同様です。

これらは栄養ドリンクと少し内容が異なり、男性の自虐ネタです。そしてこの「男性の自虐」というのは比較的安定して笑いがとれるネタです。トートロジーになってしまいますが、笑いがとれるというのは、おそらく、ある程度、からかっていいということなのだと思います。なぜでしょう？　第一生命の毎年恒例のサラリーマン川柳。これも男性の不遇を笑うネタの方がはるかに多くなります。あとは上司を揶揄。もちろん新入社員や女性をからかうネタもありますが、男性の自虐ネタと上司をからかうものは定番です。

これらに共通するのは権力を持つ側をからかうので人を傷つけずに笑いがとれるという点

です。１９８０年代の漫才ブームのころ、ビートたけしのネタで「地平線ブス」というのがありました。「はてしないブス」だと笑いをとるのですが、さすがにこれは笑えませんでした。「毒舌漫才」ともいわれましたが、苦しんでいる側に追い打ちをかけるようにからかいの言葉を投げつけるもので、これではいじめと変わらないと私は感じました。

ＮＴＴドコモのＣＭ動画でＬＩＮＥのイメージカラーである緑色のカーディガンを着た女性に心変わりをした男性に向かって、女性が「あの子と別れてなんていってないじゃん」とすがるというものがありました。こちらは炎上しました。笑えない切実さを感じてしまった人が多かったのでしょう。

これに対して男をからかうネタは、お笑いの世界でも自虐ネタになるために、広く受け入れられます。ハゲやデブはかっこうの自虐ネタなので、そういう要素は芸人自身が積極的に取り入れます。男女ともですが、特に女性の場合、外見に恵まれたお笑い芸人というのは成功しづらく、逆に恵まれない外見はかっこうの自虐ネタを提供してくれます。男性向けのきついメッセージが、その問題性とはさしあたり別に、人々に受け入れられやすいのはそれが自虐ネタだからでしょう。

もう一つ踏み込んで考えれば、逆に女性対象のネタが炎上しやすいのは、おそらく制作側などに女性が少なく、「自虐」が成立しない確率を読み誤っているのだろうと思います。働く女性を描きながら「キャラ弁」を出してくる味の素のＣＭにいたっては、保育所の現実をまったく知らない人が作ったとしか思えません。そうした作り手のバイアスが「笑い」と「炎上」の微妙な線に影響しているように思えてなりません。

不可解な牛乳石鹸のウェブＣＭ

このように男性の性役割について描いたとき、当の男性から批判の声が上がることはあまりないのですが、ときに、というよりしばしば、女性から批判の声が上がることがあります。基本的には、男性が性役割分業の上にいすわっている、もしくはそのことについていなおっているように受け取られた場合です。

牛乳石鹸のウェブＣＭ『与えるもの篇』（２０１７年）も、そのひとつです。父の日に合わせて公開されたＰＲ動画で、コンセプトは「がんばるお父さんたちを応援するムービー」だそうです。動画には、ある男性の一日が描かれます。

ゴミ捨て場にゴミを捨て、会社に向かう夫。今日は息子の誕生日のようです。妻からはケーキを買ってくるよう頼まれています。

仕事をしていると後輩が上司から叱責されている。スマホを見ると妻からの「プレゼントもお願い！」のメッセージが届いています。

日中、プレゼント用のグローブは購入したものの、なぜかこの男性は、仕事が終わった後、居酒屋に行って、後輩を慰(なぐさ)めているのです。携帯電話が鳴っても無視。

しかも、帰宅後、「なんで飲んで帰ってくるかな」という妻からの問いかけに答えず、「風呂入ってくる」というだけ。風呂から上がり、「さっき、ごめんね」と妻に声をかけ、仲直りをして、翌朝、いつもと変わらぬ一日が始まる……。

最後、「さ、洗い流そ。」のテロップで終わります。

この動画を見たときの最初の感想は、ただただ「わけがわからない」というものでした。

そもそも私は基本的に保育所の送迎と夕食の担当だったので、子どもの誕生日に飲みに行く感覚が理解できません。誕生日は事前にわかっていますから、予定を入れること自体がありえません。おまけに飲んで帰ってきて、子どもに声もかけずに風呂に入るって、ますますわけがわからない。後輩を慰めるのは別の日にもできるはずです。百歩譲ってこの日に後輩を慰めることが不可避だったとしても、「ごめん、少し遅くなる」と妻に伝え、子どもが起きている時間から逆算して飲むのはさっさと切り上げ、子どもが元気なうちにプレゼントを渡すくらいはできるはずです。

石鹸のCMですから、入浴シーンを描く必要性はあるでしょう。だったら、帰宅した後、妻に飲んで帰った理由を話し、「ごめんね」とあやまって子どもと一緒に風呂に入るというストーリーにだってできたはずです。

この妻の立場に立てば、子どもの誕生日だと念を押して、ケーキもプレゼントも頼んでいたのに連絡もなしで飲んで帰ってくるなんて、そりゃ頭にくるでしょう。石鹸のユーザーにどのくらいの男女差があるのかは知りませんが、店頭で商品を選び購入するのは女性の方が多いはずです。自社商品のターゲットをどう考えているかもわからない。誰が訴求対象で、何がいいたいのかもさっぱりわからない。本当に不可解なCMです。

ちなみにいろんなところでワークライフバランスの研修をしていると、この手の「飲みニケーション」が仕事に不可欠と考えている会社にときどきお目にかかるのですが、基本的に労働生産性を犠牲にしており、家事・育児をしない男性だけでかたまるという意味で、優秀な人材の確保・登用にも失敗しています。

『家事ハラ白書』に女性が怒った理由

もう1本、女性が怒りの声を上げたCMを紹介します。2014年、旭化成ホームズが展開した「妻の家事ハラ白書」の動画です。家事ハラとは、「家事ハラスメント」の略です。竹信三恵子が2013年に「家事労働を無償で女性に押しつける社会の行為」として「家事労働ハラスメント」という表現を用いたのが最初です。[2]

しかし、旭化成ホームズは「家事ハラ」を、「夫の家事協力に対する妻のダメ出し行為」と定義。この言葉を、「家事に協力をしたものの、その手際や仕上がりのまずさに不満を持った妻から強く注意をされ、夫がストレスを抱えている」という文脈で捉えてしまいました。旭化成ホームズは共働き・子育て夫婦を対象に「妻の家事ハラ」に対する実態調査を行い、「夫の約7割が『妻の家事ハラ』を経験!」というリリースとともに、調査内容をドラマ仕立てにして公開したのです。

そして、これが見事に炎上。「家事ハラ」の命名者である竹信からの抗議もあり、広告の公開期間を4日前倒しで終了させました。[3] 一本一本の動画は短いのですが、構成としては、料理や掃除をする男性に対して、妻から冷たい言葉が投げかけられる、というものです。

料理をする夫に、「かくし味とかいらないからね」
掃除をする夫に、「早く終わったね。ちゃんとやってくれた？」
洗濯物をたたむ夫に、「あなたがたたむと変な跡がつくの」
洗濯物を取りいれた夫に、「ちゃんと乾いてるか見せて」
拭き掃除をする夫に「ずいぶん、時間がかかるのね」

さらに、「いいのよ、頼んだ私のミスだから」という一言までかぶせられ、最後にはこんなテロップが画面に映し出されます。

「妻の何気ない一言が夫の家事参加をさまたげている」

ひとつひとつのエピソードは、実際にアンケート調査の中で出てきたのでしょう。また、

「妻の何気ない一言が夫の家事参加をさまたげている」というテロップは、妻からのダメ出しで「やる気がなくなった」という夫が約9割（89・6％）というデータを踏まえたのだと思います。旭化成ホームズは、「こんなこといわれたら、やる気なくなりますよね」と、男性たちに寄り添った。そして言葉の誤用も含め、女性からの批判を買ったわけです。

旭化成ホームズと栄養ドリンクのCMとあわせて考えると、炎上の構造がよりはっきりと見えてきます。旭化成ホームズは仮に「家事力判定」というものがあったとして、100点中60点しか取れない男性側に立った。男性側に立つこと自体になんら問題はないのですが、家事ができないことに、いなおってしまったのが火種となったのです。なぜなら、女性が「家事力判定」を受けたとき、60点しか取れないということは許されないからです。もちろん実際には男女を問わずすべての家事において80点を求めたりするとうまくいかないこともあるはずで、そういうときは、きちんと話し合って得手不得手をカバーできればよいのですが。

バラエティ番組で、街角で女性に料理を作らせるコーナーがあります。エビチリに食紅を使ったり、親子丼にじゃがいもを使ったり、とんでもないことをする女性を嘲笑し、最後には「正しくできたのは○人中○人」と報告するというものです。最近は男性にもトライしてもらっているようですが、この企画自体は「女性は料理ができる」ということが前提となっています。

女性は料理ができるのが当たり前。エビチリや親子丼くらい、クックパッド見なくても作れますよね、そのくらいは常識でしょ、という前提で番組は成り立っています。つまり、女性は料理ができないことが許されない。料理は苦手だといなおる自由を与えられていないのです。家事ができないのであれば、女性は努力をして、自分のレベルを上げなくてはいけない。女性には厳しい目が向けられているのに、男性はそのままで許される。あるいは、許してもらおうとしている。だから旭化成ホームズのＣＭは炎上をしたわけです。

この図式ときれいに逆の話になっているのが、栄養ドリンクやＥＮＥＯＳでんきなのだと思います。「稼得力判定」というものがあったとき、女性はそれが低いことにいなおっていい。上司に書類を投げつけられる夫に向かって「はたらけ！」ということができるし、自分が稼いでもいないのに、稼ぎの少ない夫をバカにすることもできたのです。

フラリーマンと夫婦のコミュニケーション

何度もいうように「男が外で稼ぎ、女性は家を守る」というライフスタイルは、個人や家族だけでなく、社会という大きな単位から見ても、これからの時代はリスクが大きくなります。ただ結婚や出産をしても仕事を続ける女性は増えてきているにもかかわらず、結局女性の二重負担になってしまっているわけで、「女性活躍推進」や「仕事と家庭の両立」といった問題が、女性の働き方の問題にとどまっているうちは何も変わりません。

ちなみに私はどちらの言葉も好きになれません。特に「仕事と家庭の両立」という言葉は、男性にも適用される言葉として想定されているのでしょうか。私は「仕事と家庭の両立」にそれなりに苦しんだと思っているので、この言葉の使われ方に、ざらっとした違和感を覚えます。これは本来、男性の生き方の問題だと捉えるべきで、求められているのは、男性側の変化なのです。

とはいえ、変化に適応できず変われない男性がいる。なかには、仕事が終わっても、すぐに家には帰らず特段目的もなくフラフラと、ゲームセンターや公園などで時間を無為に過ごしたりもする人もいるのだとか。

その数は少なくはないのでしょう。彼らは「フラリーマン」と呼ばれ、テレビや雑誌でも一時期、頻繁に取り上げられていました。「フラリーマン」という言葉が最初に使われたのは2004年とかなり前なのですが、[4] 働き方改革で残業が減った2017年以降メディアを介して一般的に広がりました。[5]

このフラリーマン、私にはまったく理解できません。子どもが小さい時期は、家に帰ればやることはたくさんあります。飲み会の予定が入って帰りが遅くなる、ということはあるでしょう。しかし何もないのに、わざわざふらついて時間をつぶして帰ってくるなんて理解不能です。

夫婦ふたりだったら、まぁわかります。子どもがいなければ、家事というのはそんなに存在しません。夕食なんてそれぞれが飲んで帰ってくるか、最寄り駅で待ち合わせして、夫婦一緒に居酒屋ですませてもいい。そうすれば、夕飯の支度などいらないし、洗濯物だって、週末にまとめてすればいい。

しかし子どもが生まれると生活は一変します。共働きで子どもを預けたら、保育所の送りとお迎えの時間が決まりますから、それに合わせて生活時間が決まっていきます。フラリーマンは、こうした生活の変化にうまく対応できなかったのかもしれません。ただそれ以前に、もはやこれはコミュニケーションの拒否としか思えません。なぜ会いたくもない家族のために働けるのか、そちらの方が不思議です。アメリカや北西ヨーロッパならこの時点で離婚でしょう。

このフラリーマンを女性側から「肯定的」に見るならば、栄養ドリンクのCMになります。とにかく働け。外で働いて稼いでくればいい。夜、家庭に夫はいなくていい、と。栄養ドリンクのCMも朝の出勤シーンを描き、夜、家にいる男性は描かれていません。1章で例に出した、味の素やムーニーのCMも同様です。両方とも、母親が夜、一人で家事と育児をまわしています。

一方、夜の家での男性を描いたのが、サッポロ一番と牛乳石鹸です。それも極めて対照的に。サッポロ一番は手抜きかもしれないけれど夕食を作って待つ夫。一方、牛乳石鹸が描いたのが、フラリーマンの帰宅後なわけです。

家事をしたくないからまっすぐ帰りたくないという人も多いようですが、そもそも夫婦間にコミュニケーションがないから、家庭のことにどう関わっていいのかがわからないのでしょう。そして家に居場所がなくなるわけです。こうなると、給料を稼いでくるだけの「AT

M夫と家政婦妻」の関係へまっしぐら。子どもがいるときにすら夫婦のコミュニケーションがとれていないのなら、夫婦ふたりになったときにどうするのかと、いらぬ心配をしてしまいます。

夫婦間のキスはエロいのか？

そういえば、２００６年に雑誌『たまひよ』が創刊13周年を記念して、「チュー」編というCMを放送しました。ママが赤ちゃんの頬にキスをし、パパが赤ちゃんの頬にキスをする。そして、パパとママがキスをして、「幸せ、かもね。」というテロップが出されます。これは性役割ではなく、性的メッセージなので、３章の議論に近いものなのですが、夫婦間の話なのでここで紹介します。

このCMについては、保守系の夕刊紙『夕刊フジ』が「エロい！」「苦情殺到」と報じました。実際には記事で取り上げたほどの批判があったわけではないようですが、ある程度は版元であるベネッセコーポレーションにも苦情が寄せられたようです。[6]おじさんたち相手にさんざん「エロい」性のネタを書いている夕刊紙が、なぜこれくらいのことに「エロい！」

と騒ぐのか、私には理解ができません。

性については隠すべきもの、ベッドの外には出るべきではないという保守的な考えを持つ人もいれば、もっと解放されるべきだという人もいます。どちらが正しいのかの議論は続いてきましたが、答えが出ることはありません。なぜなら信じる神が違うからです。それも踏まえて、CMでの性的表現が批判対象になるという現象は一貫していて、控えめにしていく方向でしか解決しないのは確かです。

しかしこの『たまひよ』のCMに関していえば、ふたりは夫婦です。家庭内、夫婦間は社会で性的であることが許される空間。サッポロビールの頂や宮城県のPR動画とはそもそも描かれている性の背景が違います。私は個人的には、当事者間に合意のある性関係は、すべて認められるべきで、当事者間の合意がなければ夫婦間でも強制性交と考えるべきとの立場です。別に不倫を推奨しているのではなく、「それは勝手に夫婦げんかで解決してくれ、社会が介入しなくていい」と考えており、合意がなければ夫婦だろうがなんだろうが、刑法上の重い犯罪とすべきという立場をとるので、「(不倫ではなく)夫婦間の性だからいい」ということがいいたいのではありません。

ただこのCMは、家族の愛おしさを描き、必要なメッセージをちゃんと出している。私は

図表 4 - 1

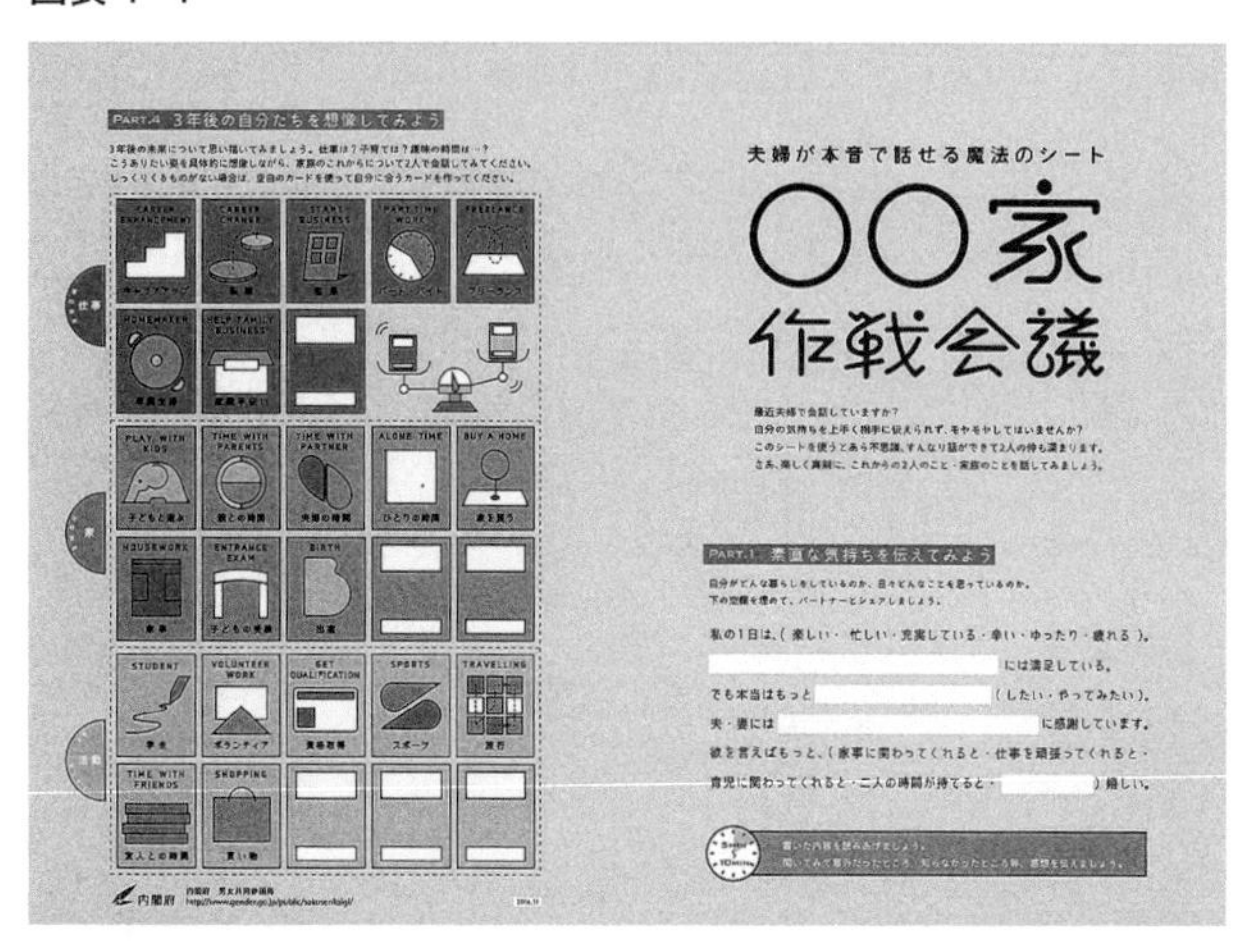

肯定的に見ました。そして逆に、夫婦のキス程度のコミュニケーションですら、日本では批判の対象となりうるのかと、複雑な気持ちになりました。たとえばフランスなら地下鉄でも見かけるようなキスです。育児の中でももっとも大変な乳幼児期に夫婦の関係性が崩れると、先々の家族の形が不安定なものになりかねません。キスでもケンカでも、夫婦間はコミュニケーションをとることが何より大切です。互いに不満を抱えていても、伝えなくては伝わりません。家事の分担の形は、家庭によりそれぞれです。ふたりが納得のいく対等感が大切で、それができていれば、細かい家事分担のもめ事は深刻にはならないと思うのですが。

内閣府の男女共同参画局では、「夫婦が本音で話せる魔法のシート○○家作戦会議」という夫婦間のコミュニケーションツールを作成しています（図表4-1）。お互いにいま、どんな暮らしをしていて、何を思っているのか、どんな生活が理想なのかを再確認し、理想を実現させるために、家事の分担を具体的に考える。そして、3年後の自分たちをイメージするというものです。とても良くできているので、興味のある方は、「○○家作戦会議」で検索をし、男女共同参画局のサイトからダウンロードしてみてください。

クルマのCM2本を比較

続いて、家族内での父親のあり方を描いたクルマのCMを2本、紹介します。車というのは軽自動車などを除くと購買層が男性であることが多く、CMも訴求層として男性を意識しているケースが多いようです。

まずは、2015年に放送されたスバルのフォレスターです。このCMを見たとき、私は「ふざけるな！」と強い憤りを感じました。「父の挑戦」というタイトルのこのCMでは、突然、サーフィンを始めた男性が描かれます。

早朝、クルマにサーフボードを詰め込む父親
玄関先で妻は腕組みをし、子どもは大あくび
ナレーション（妻）「夫が突然、サーフィンを始めた。しかも、真冬に。『自分の可能性を
広げる』ってかっこつけすぎ」
海岸に到着し、波に飲まれては落ちる父親
クルマから見つめる妻と子ども
すると、ついに父親がボードの上に立ち、波に乗る
「立った」
その姿を見て、子どもは歓声を上げます
テロップ「新しい自分に会いに行こう」

帰り道。クルマを運転する妻。ハンドルを握り、微笑みを浮かべながらフロントミラーを覗くと、そこには、ぐっすり眠りに落ちたパパと子どもの姿——。

このＣＭは炎上どころか、好意的に受け止めた人も多かったようです。訴求層である男性に対し、「いつまでも挑戦を忘れない」といったメッセージを送り共感を得たのでしょうか……。このＣＭの何がいけないの!? と思う読者も多いのかもしれません。「いくつになっても、新しいことにチャレンジできるのって素敵だよね」などと。

そのメッセージは否定しません。ですが考えてもみてください。自分が好きで始めたサーフィンに真冬の早朝から妻と子どもを連れ回して、せっかくの休みに家族は凍えながら見てるだけ。しかも、最後は妻に運転までさせているわけです。新しい自分に会いに行くのはかまいませんが、一人で行けばいい。ＣＭを見ているのが男性なので、その自己満足や身勝手さに気づかなかったのではないでしょうか。これはＣＭの特性上、女性があまり注目をしなかったために大きくは炎上しなかっただけで、女性から批判を受けるのは当たり前です。

これとは対照的なのが、フォルクスワーゲンのＮｅｗ ＧｏｌｆのＣＭです。サザンオールスターズの『ピースとハイライト』がＢＧＭに使われ、本人たちも出演しています。歌いながらクルマを運転する桑田佳祐の姿が映った後、犬とサーフィンにでかける白髪の男性、ネオンの中、美しいドレス姿で歩く女性など、人々のクルマのある日常のシーンが描かれるのですが、その中のひとつが目を引きました。

歌いながら運転している女性
後部座席にはチャイルドシートで眠る女の子
女の子の隣で様子を見ていた男性が人差し指を口元にあて、
バックミラー越しに微笑みながら、ママに「静かに」と伝える——

この夫婦について描かれているのはこれだけです。しかし、ともに子育てをしているというのがメッセージとなって伝わってきます。父親を描くとき、アリバイ的に亡霊のようなワンカットをいれて逆効果となってしまったＣＭがありました。またフォレスターと比べれば母親が運転し、子どもが寝ているのは同じなので、父親が寝ているか起きているかの違いです。しかしこれはたとえば女性の視点から見れば、ものすごく大きな違いであるはずです。こんなちょっとしたシーンで子育てを共有していることを表現することもできるのです。さすがはドイツの会社、父親の関与がきちんと描かれています。

フォルクスワーゲンのBGMの意味

ちなみにこのフォルクスワーゲンのCMに流れる『ピースとハイライト』、とても興味深いものなので少し寄り道して紹介させてください。これは日中韓の歴史問題が大きく問題になった時期（2013年）に話題となった曲ですが、「サザンがこれ歌うのか？」とびっくりしました。特に二番の歌詞がすごい。

「歴史を照らし合わせて助け合えたらいいじゃない　硬い拳を振り上げても心開かない」「都合のいい大義名分(かいしゃく)で争いを仕掛けて　裸の王様が牛耳る世は…狂気（insane）　二〇世紀で懲りたはずでしょう？　燻る火種が燃え上がるだけ」と日本の軍国主義を批判し、「教科書は現代史をやる前に時間切れ　そこが一番知りたいのに何でそうなっちゃうの？」「悲しい過去も愚かな行為も　人間(ひと)は何故に忘れてしまう？」と日本の歴史教育のありようにも苦言を呈(てい)す。

最初にCDで歌を聴いたときは、サザンのことだからきっと「愚かな恋」だろうと思って歌詞カードを見たら、ちゃんと「愚かな行為」になっていて、「サザン本気やん！」と新たな一面を見た思いがしました。ちなみに発売後すぐに、中国でも韓国でも大規模なコンサートの様子とともにその歌詞がテレビニュースで取り上げられていました。

ミュージックビデオはさらに直接的で、国際問題を報じる見出しが躍る新聞のコラージュや、当時の国家の首脳、オバマ大統領と習近平国家主席、安倍首相と朴槿恵（パククネ）大統領のお面をつけた人物が小突き合うといった演出が盛り込まれています。安倍政権下での日中／日韓関係にもの申す歌になっていることは明らかです。

そしてこれをフォルクスワーゲンが使っているわけです。フォルクスワーゲンは中国語で「大衆汽車」（Volk＝大衆、wagen＝車、中国語では汽車）というのですが、中国では自動車の販売台数のシェアで長くトップを争う会社です。どういうコラボで起用された歌なのかは知りませんが、フォルクスワーゲンがＣＭには流れない二番の歌詞を知らなかったはずはありません。つまり日本向けのＣＭですが、「歴史問題はちゃんと意識してるよ」という隠れたメッセージを中国市場に送っているのです。

家族像と「白戸家」

話を戻します。サッポロ一番のCMは、誰でも入ることができる物語になっていました。鍋料理を作る夫に対する妻の「パパ、天才!」というせりふは、本当にそう思っているのではなく、おだててノセて、次もやってもらおうと思っているだけだということを、見ている女性はわかっている。まんざらではない夫の姿も含めて、女性は「バカだなぁ~」と思っているのかもしれないけれど、「ま、作ってくれるんだし」と思って共感できる。女性からの批判を受けず、家事ハラや二重負担の問題を避けて着地させたことになります。

問題になるCMがこれだけ多いということは、ストライクを作るのは難しい時代だということでもあるはずです。その意味で、究極のストライクを連発したのは、ソフトバンクの「白戸家(ホワイト)の人々」だと思っています。シリーズの放送が始まった2007年から8年連続で、CM総合研究所の調査によるCM好感度の1位を獲得し[7]、高い人気を誇っていました。

この白戸家の何がすごいって、家族の中で「ふつう」なのはお母さんと娘だけ。お兄ちゃんはアフリカンアメリカンで、お父さんはなんと犬。まさに「予想外の家族」で、ありえない設定です。そしてこのお父さんを犬にしたというのが、後で述べるようにチコちゃんの「5歳」と同じ、発明なのです。

お父さん犬は、娘の交際にまで口うるさくいうずいぶん古風な親父です。しかし、白戸家でお父さんが怒っていても、犬が吠えているようにしか見えず（実際、犬が吠えているわけで）、みんなどこかで、お父さんを軽くいなしている。昔ながらの「ガンコ親父」を完全にカリカチュアできるのはそれを犬にしたから。もし、お父さんの声を担当している北大路欣也がそのまま登場していたら、まったく違ったイメージになってしまっていたでしょう。犬だから「ガンコ親父」で古くさいことをいえばいうほど、そのギャップがおもしろくなる。

もうひとつホワイト家族のＣＭがよくできていると思うのは、家族というものの定義を軽やかに揺るがしているところです。そもそも家族社会学において、「家族」というのはおそろしく定義のやっかいな言葉なのです。共に暮らすこと、食事を共にすること、家計を共有すること、血縁や配偶関係によるなど、さまざまな基準があります。ただ単身赴任のお父さんや単身で東京のアパートに住む女子学生、どれもすべての基準を満たしたりしません。

一方でペットの犬は家族でしょうか？　特別な愛犬家でなくても、「うちの犬は家族の一員」と思っている人は多くいるはずです。犬は集団内での序列を意識して生きる動物です。

しつけると人間の命令を従順に聞くのは、この特性のためです。犬は飼い主の家族内の順位を、空気を読んで感じ取っていて、「自分は、偉そうにしているお父さんよりは順位が下だけど、その世話をしているお母さんよりは上」と考えていたりすると、お母さんにかみつく。文字通り「飼い犬に手をかまれる」のですが、このときに飼い主の側も、当の犬も、互いに相手を「家族の一員」と見なしていることになります。ホワイト家族のお父さんの順位は、お母さんの下で、子どもたちの上ということになりますね。

ほかのペットも家族になりうるでしょうか？　猫はほぼ間違いなく家族の一員になりそうです。哺乳類以外だと、小鳥も人気。イグアナやヘビ、さらにはカメなど、は虫類・両生類もペットの仲間入り。金魚や熱帯魚など魚類も多くの人が飼っています。ですが、デメキンは「家族の一員」でしょうか？　そう思う人もいるでしょうが、さすがに金魚になると「家族とまでは……」とためらう人も多いはずです。だとすると私たちは、犬と金魚との間のどこかに「家族」の境界線をかってに引いていることになります。

一方そもそもペットが家族だとなると、家族の定義はさらに迷走することになります。共に暮らしているかもしれませんが、家計や食事の共有？　金魚のえさはもちろんですが、ドッグフードを一緒に食べる飼い主はいないでしょう。

そこで私の専門分野(ジェンダー論や家族社会学)では「その人が家族だと思う範囲が家族」という定義を使うようになりました。家族があまりに多様なので、そういう形でしか定義のしようがないのです。血縁どころか人種[8]、種まで越えて「家族」だというわけのわからない家族を描きながら、「家族割」をPRする白戸家は、実は最先端の家族概念を体現していることになります。

子どもと動物にはかなわない?

白戸家の娘役、上戸彩は2001年にTBSドラマ『三年B組金八先生』で性同一性障害[9](性別違和)の生徒を演じたことがあります。ところがその数年後に彼女は大事件を経験して、この性的マイノリティの問題を乗り越えます。お父さんが突然白い犬になってしまった。犬と人間で種を越えても家族なのですから、同性愛者ももちろん家族。性的マイノリティの問題などしょせんは人間の中のことにすぎないと考えることができるようになったのです。この複雑な問題を簡単なCMに仕上げたのはお見事です。しかも、お母さんは校長先生でお父さんの上司、という設定もジェンダーの観点からひねりが効いています。

こうした「予想外の家族」から考えると「家族の崩壊」を嘆く議論がどういう性質のものなのかも見えてきます。よく「昔ながらの家族が失われている」といった議論を見かけますが、実は家族はつねに「崩壊」し続けていると考えるのが、家族社会学では常識です。したがって家族の「崩壊」を嘆く議論もこれまた歴史が長く、これらは基本的にひと世代前の家族像を「伝統」と勘違いする考え方です。[10]

威厳のある父親、慈愛にあふれ毎日ごはんを作る母親、そして、いつまでも親を大切にする子ども。これらが、いまの日本で家族の「崩壊」を嘆く人たちの思い描く「伝統的家族像」なのかもしれません。しかしこれらは、特定の時期にあった家族像にすぎず、「伝統」でもなんでもありません。選択的夫婦別姓に反対する議論もまったく同じ構図です。

かつて農業や自営業では、家は仕事場で、母親も子どもも労働を担っていました。家庭は労働の場でもあり、学びの場でもあり、遊ぶ場でもあった。それが、産業革命期以降、仕事は工場へ、学びは学校へ、娯楽は専用の施設へと、外部に徐々に委譲（いじょう）され、生活と子育てが家庭に残されます。さらに子育てが保育所に担われるようになり、レストランが発達して食事が外に出て、コンビニができていろんなものを買ってくるようになる。これらもその流れに沿うものです。

いってみれば家族の歴史は、その機能を外部に委譲していく歴史です。そういう意味で家族は、歴史的につねに「崩壊」し続けてきたわけです。変わり続けていくのが家族であり、どのように変わり、誰を家族と定義するかも、その人それぞれの気持ち次第なのです。家族の「崩壊」をめぐる議論は、食事作りを「何十万年もお母さんがしてきたこと」という味の素の描写や、「伝統的な日本食が崩壊している」と憂い食育を謳うのとまったく同じ論理構造。守ろうとしているものが、たかだかひと世代前の慣習・習慣で、それを「伝統」だとはき違えて、歴史自体を塗りかえてしまっているのです。

その意味で、ソフトバンクの白戸家はみごとに時代の半歩先を行っています。お父さんは犬だし、お兄ちゃんは人種が違う。不思議な家族ですが、人種や種を越えて家族になれるという新しい家族観を描きながら、「家族割」をＰＲするＣＭに仕上げたわけです。この仕掛けはチコちゃんの「５歳」に通じるものがあります。相手が「５歳」だから叱られても笑いがとれる。娘のデートを尾行してしまう父親なんて実際にいたら最悪ですが、これが犬が吠えてるだけだから笑いがとれる。

またこうしてみると狭いストライクゾーンに入っているのが、チコちゃんにゆるキャラ、そしてお父さん犬。逆にいうと、碧志摩メグがどうしてだめで、宇崎ちゃんがどこからセーフになり、バナナ姫ルナがどうしてセーフだったかも見えてくるように思われます。「泣く子と地頭には」などといいますが、結局子どもと動物にはかなわない、というのも要因の一つなのでしょう。

「半歩先」を行く

4象限に分類し、1章から4章まで失敗したCMを比較してきて、炎上の方程式として見えてきたのは「現状の追認によるメッセージの古さ」(1章)、「訴求層の分断」(2章)、「訴求層の間違い(ゾーニングの失敗)」(3章)でした。この章に出てきた男性向けのものは、第Ⅰ象限に出てきた女性向けの性役割分業規範を、そのまま男性にひっくり返しただけです。家事や育児にまったく関わろうとしない男性を「応援」してしまった。その意味では1章と同じく、現状を追認する、メッセージの古さが問題になったということができるでしょう。

高度成長期に生まれた性役割分業規範にそのまま乗っかった広告が批判の的となるのは当たり前、といいかえることもできます。こうして見てくるとストライクゾーンが狭くなるなか、CMや宣伝動画が目指す方向性は、極端にエッジを効かせるのではなく、また現状を追認するのでもなく、時代の「半歩先」を描くことなのではないかと思います。

　現状の追認は、現状の肯定ですから、実際にそれを支持する人もいることでしょう。ムーニーも味の素も評価する女性がいるのは当然です。専業主婦が誕生した高度成長期はそういう時代だった。そして男は栄養ドリンクの世界のように働く。子どもの誕生日にも飲みに行ったりする。一方で「半歩先」もやはり世間に実在しています。お父さんが保育所で子どもをひろって夕食を準備する、これは少数派かもしれませんが、いまの若い世代なら少なくとも「極めて珍しい」わけではありません。女性が運転していて子どもが寝ている車内の後部座席という同じ状況で、勝手にサーフィンをして寝ている男性と、子どもを起こさないようにと合図を送る男性、これも同じ対比です。そして後者の、男性が子育てに積極的に関わるライフスタイルは今後の少子高齢社会の中で不可避的に広がっていくはずです。

　両方とも現実の社会に存在するライフスタイルなのですが、片方を取って現状を追認すると古いメッセージになり、もう一方は少し進んでいるように見える。特にジェンダーに関してはかなりはっきりした対比となっていて、どちらがより新しく見えるかは、時代の趨勢（すうせい）と関係しています。これが「半歩先」のポイントで、ＣＭが批判されるか否かの分岐点もここにあるように思えます。逆にいうと炎上を避ける方向性は、比較的はっきりしている領野ではないかと考えられます。

1 『自殺対策白書』厚生労働省、2019年度、34-35ページ
2 竹信三恵子『家事労働ハラスメント』岩波新書、2013年
3 「炎上して終了した「家事ハラ」CM　その内容は」AERAdot.2014年8月28日
4 最初に使われたのは、渋谷昌三『上司が読めると面白い』新講社、2004年
5 そうした流行を受けて渋谷昌三『フラリーマンの心理を読む』毎日新聞出版、が2018年に出される。
6 「『エロい』キスCM大騒動の真相」JCASTニュース2006年10月20日
7 年間の好感度ランキングはBRAND OF THE YEARと呼ばれ、その1位となった。「CM好感度1位は8年連続でソフトバンク　モンストも躍進」週刊アスキー電子版2014年12月18日
8 里親制度にしたがえば、アメリカのように親子間の人種が異なることはありえるので、家族間の人種が異なることに違和感を覚える感覚自体が、日本のような血縁主義の強い社会で強く生じるものだということは留意しておきたい。
9 現在では「障害／障碍」ではない、という理由から「性別違和」の方が望ましい用語法とされているが、戸籍上の性別変更を可能とする法律の通称名が「性同一性障害特例法」であるため、性同一性障害という言葉も使われる。

10 瀬地山角「お父さん犬から見る『家族崩壊論』の滑稽さ」東洋経済オンライン２０１４年10月16日

第5章——マイノリティと言葉の政治

いままで4象限に分けながら、ＣＭ炎上のパターンを見てきましたが、本章ではそもそも性別を含めたマイノリティの問題に広告はどう関わるべきなのかを考えてみたいと思います。

東京都のキャンペーンに対する抗議

次の文章は、東京都が２０１８年をしめきりとして行ったアイデア募集キャンペーン「IDEA for TOKYO」の広告物のひとつに書かれていたテキストです。２０２０年開催予定だった東京オリンピック・パラリンピックで、世界中からたくさんの人たちが東京を訪れるとされていました。そのとき、都市ボランティアができる新しいおもてなしとは何か？「How to make smile in TOKYO」のアイデアを学生対象に募集したものです。

大学の食堂で使われているトレイにも敷かれていたのですが、私はこれが生協食堂の壁に貼り出されているのを見て驚きました。学生さんと一緒に「これはないよなぁ」と話をし、キャンペーンを主催している団体へ抗議をしたのですが、左の表現の何が問題なのかわかりますか？

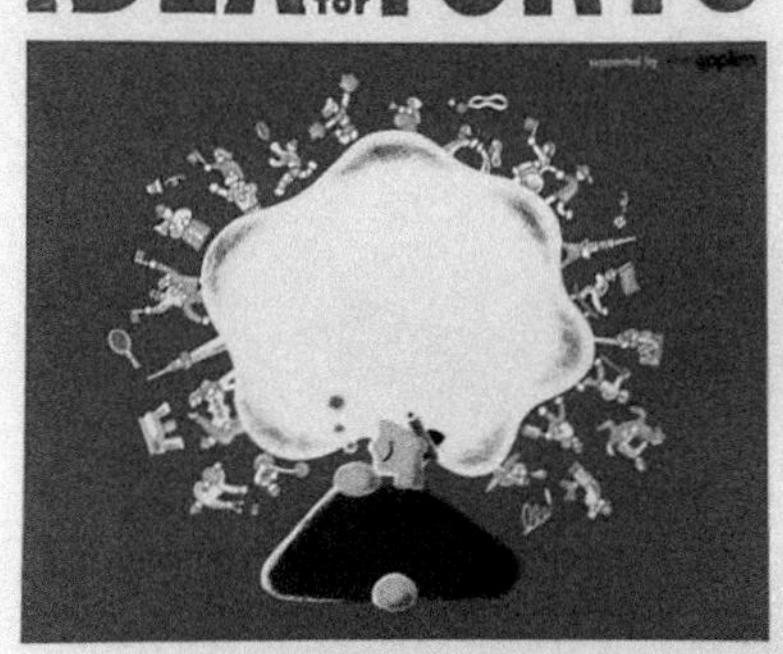

世界中の人が東京にやってくる！
僕らの〝おもてなし〟って何だろう。
どうしたらみんなが喜ぶだろう。
ふとした嬉しい心配り？
あっと驚かせるテクノロジー？
ワクワクするような楽しいイベント？
どんな人にも親切な仕組み？
新しい視点で。瑞々しい力で。考え抜こう。
「東京って最高！」って思わせる僕らのアイデアを！

ここまで本書を読んできてくださった方なら、おわかりになるかと思います。問題となるのは、「僕らのおもてなし」「僕らのアイデア」という表現です。「僕」は男性が自分を表すときに使う代名詞。ボランティアをするのは男性だけではありません。また、このアイデアコンテストは応募者を男性に限定したものではないはずです。それなのに、どうして「僕」という表現を使うのか？　しかも、よりによってオリンピック・パラリンピック大会に関連してのキャンペーンで、です。下の応募資格にはご丁寧に「国籍不問」となっているのに、最初の表現が性別を問うワーディングになっています。

２０２０年東京大会の組織委員会は、３つの基本コンセプトのひとつに多様性と調和をあげています。

人種、肌の色、性別、性的指向、言語、宗教、政治、障がいの有無など、あらゆる面での違いを肯定し、自然に受け入れ、互いに認め合うことで社会は進歩。東京２０２０大会を、世界中の人々が多様性と調和の重要性を改めて認識し、共生社会をはぐくむ契機となるような大会とする。[1]

にもかかわらず、「僕ら」なのです。

言葉は時代とともに、変わっていきます。消防士は fireman ではなく、firefighter になり、警察官 policeman は police officer に。会社員 businessman は business person、議長 chairman は chairperson に改められました。また、女性の職業だとされていた客室乗務員 stewardess は、flight attendant と呼ばれるようになります。

黒人もいまは black people よりも African American を多用しますし、Merry Christmas! でさえ、ユダヤ教やアフリカ系アメリカ人などに配慮して Happy Holidays! に。私はアメリカでも特にリベラル色の強い、ボストンとサンフランシスコの近郊の大学街で短期間暮らしたので、こうした「政治的に正しい（politically correct）」用語法にとても敏感になりました。英語だけではありません。「保母」「看護婦」といった言葉は使われなくなり、「保育士」「看護師」という呼称が定着しました。

１９７０年代までは女性の総称として「婦人」が使われていましたが、「既婚の女性を指す」「女がほうきを持っているのが字源」といった批判を受け、80年代以降「女性」が使われるようになります。さらに行政では、１９９１年から「女性問題」という用語の代わりに、男性も含める意味あいから「男女共同参画」という言葉が使われるようになりました。いまどきジェンダーに関する問題を「婦人問題」などと表現したら、その表現の方が「問題」です。

これらはすべて、言葉をめぐる政治だったのです。警察や消防や会社員に男性しかいなかった時代から、それらの職につく女性が増えていき、女性たちからその表現を変えようとする動きが生まれた。その結果として言葉が変わっていったのです。こうした流れも踏まえずに、安易に「僕ら」と掲げる。単に知識がないのでしょうが、あまりにも言葉に対して扱いが雑すぎます。女性はそもそも人口の半分で、マイノリティではないはずなのに、マイノリティに対する差別と同じ問題系になるというのは、深刻な事態だと思います。

目を疑うような返信

そこで、このIDEA for TOKYOの運営事務局（株式会社スケール内）に抗議したわけですが、次のようなメールが返ってきて、目を疑いました。

この度は貴重なご意見を頂戴し、誠にありがとうございました。
ご覧頂きました学食トレーの告知は、対象である大学生、高校生、専門学校生に届くことをめざしました。

若者向けのヒット曲の歌詞にもいくつか見られますが、若い世代が「僕」という言葉を男性・女性の区別の意識なく受け止めているという側面に着目し、この言葉を採用した、という経緯になります。

ご指摘のような性差別的な意図や女性の応募を排除する意図はございませんでした。

また、制作にあたっても、複数の女性スタッフも携わり、当事者である大学生（男女）にも見てもらいながら進めるなどの配慮を致しました。

取り急ぎお問い合わせいただいた点につきご回答申し上げる次第です。

なお、頂きましたご意見に関しては今後の貴重な参考にさせて頂きます。

以上、ご確認の程、宜しくお願い申しあげます。


自信満々で「なんの問題もないですよ」といわんばかりの返答です。全然わかっていません。メールを読んだ瞬間に「あ〜ぁ、やっちゃった」と思ってしまいました。ここで誤りに気がつけばそれで終わりだったのですが、私にはこの時点でもう詰み筋が見えており、撤回、回収、謝罪になるのは間違いないと考えたからです。

「I Have Black Friends」論法

この回答の問題点はどこでしょうか？

いくつかあるのですが、まずひとつは、「若い世代が『僕』という言葉を男性・女性の区別の意識なく受け止めている」という箇所です。確かに、一人称として、「僕」を使う女性はいるのかもしれません。おっしゃる通り、若者向けの音楽の歌詞にも出てくるのでしょう。欅坂46の『不協和音』で「僕は嫌だ！」と叫ぶ箇所がありますが、あれの主語は男性のように思えます。いずれにせよ発話の際に、自分のことを「僕」という女性は圧倒的に少数であり、あえて「僕」を使う理由にはなりません。「若者向けのヒット曲の歌詞にもいくつか見られますが」というあたりは、「どうせ大学の先生だから知らないだろう」といいたいのでしょうが、ヒット曲の歌詞なんぞが問題なのではありません。「アタシ」という一人称を使う男性は、同性愛者などを含め一部はいるかもしれませんが、だからといって「アタシのおもてなし」ではまずいはずです。

二つめ、「差別する意図はございませんでした」という言葉です。ＣＭが炎上してしまった企業も、謝罪コメントとして、よくこうしたいい方をします。定番の表現ということもできますが、当たり前のことをいっているにすぎず、謝罪にはなりません。もしも、意図的に差別表現をしたのであれば、それはもはやヘイトスピーチです。犯罪的行為だといっていい。

そして、三つめ。「複数の女性スタッフも携わり、当事者である大学生（男女）にも見てもらいながら進めるなどの配慮を致しました」という点です。

こちらも、差別的な判断や見解を正当化するときに使われる典型的な言い訳で、「I Have Black Friends」論法などと呼ばれます。「自分には黒人の友達がいる」。だから、彼ら／彼女ら（この表現も要注意です、後述）のことはよく知っているし、自分は差別をするような人間ではない、と見せかけて自分の言動を正当化する論じ方です。

この論法は人種差別だけでなく、性別や性的指向など、あらゆる差別に置き換えられて使われています。しかし、友達に当事者がいるからといって、差別意識がない証拠にはなりません。今回の件にしても、制作に女性スタッフが入っていて、彼女たちが反対していないからといって、「僕」という表現が差別的でないことの論拠にはならないのです。実は３章で問題にした宮城県の動画でも、制作の経緯について「動画の納品前には女性職員を含む観光課職員が確認したが、修正などの意見はなかった」と報じられています。[2] これと同じ構図です。こうした内容を指摘したメールを再び、事務局に送りました。返ってきたのが、こちらです。


頂いたお返事を確認させて頂きました。

一人称としての『僕』を実際に女性が使用するか、という点については、ご指摘の趣旨を理解いたしました。

頂いた点を改めて勉強させていただき、今後注意して進めて参ります。

尚、ご指摘いただいていた告知物は各方面と順次調整して、回収するべく進めて参ります。


「ご指摘の趣旨を理解いたしました」って、最初のメールでは内容を理解もしていなかったのでしょうか。東京都にも都の男女平等参画（東京都は国の「男女共同参画」ではなく、男女「平等」参画という言葉を使っています）の施設である東京ウィメンズプラザ経由で抗議をしていたので、東京都から指摘されて、回収という判断が出たのでしょう。ただ「理解した」というだけで、何が問題だと捉えているのかがわからず、三度目の連絡をしたところ、今度は次のご報告をいただきました。

御連絡いただいた内容、確認させていただきました。
運営側に配慮が欠けていた点につきまして、改めて関係者一同共有致しました。
今後、ジェンダーやダイバーシティの視点をしっかりと踏まえ、事業を進めてまいります。
東京都から回収指示のあった広報物につきましては、明日から回収を行ってまいります。

ここまで、8日かかって、ようやくこちらの「趣旨を理解」をし「共有」をしたようです。しかし、一貫して謝罪の言葉はありません。別に謝ってほしいわけではありません。ただ、前のメールに対しての違和感とも重なるのですが、自分たちがした表現がなぜ問題で、どう「配慮が欠けていた」のかがちゃんと示されていません。ただ「文句をいわれたから引っこめる」のでは意味がないので、きちんとわかってもらいたかったのです。

その後、「『僕らの』という文言は一方の性を排除するかのような印象を一部の方々に与え、不快感をもたらす点で適切でない表現でした。大変申し訳ございませんでした」という謝罪とともに、具体的な撤去の予定を知らせるメールが届きました。

また、東京都のオリンピック・パラリンピック準備局からは次のような連絡がきました。

今回、IDEA for TOKYOの広報物（学食トレイのステッカー）において「僕らの」という文言を使用した件について、性別に関わらず多くの方にボランティアへの参加を呼び掛ける点から適切でない表現となり、先生及び学生の皆様に不快な気持ちを与えたことをお詫び申し上げます。

委託事業者には広報物が適切でないことを説明し、速やかな撤去を指示いたしました。

今後、事業の実施に当たり、広報物等の表現については十分注意してまいります。

今回、都において十分な確認を行えなかったことを改めてお詫び申し上げますとともに、適切な事業の推進に向けたご指摘を頂きましたことに深く感謝申し上げます。

詰み筋が見えていた、と書きました。最初の返事がきたときに、「あ～ぁ、やっちゃった」といったのは、最後はこうなることがわかっていたからです。さすがに東京都は早く問題を理解したようですが、この委託業者は理解度が低いとしかいいようがありません。「東京都から回収指示」とあるように、この段階まで問題が理解できず、指示を受けて動き始めています。ただ、これを見た瞬間に「まずい」と思わなかった東京都の感覚もいかがなものかと思いますが。

20世紀にすでにいわれていたこと

いままで各章で見てきたＣＭの事例では、企業や自治体などの責任として問題を論じてきました。もちろん最終的な責任主体は発信者ですから、そのことが間違いではないのですが、ＣＭはほとんどの場合、広告代理店などが作ります。「僕ら」で大丈夫だと自信を持って返事をするこの委託業者の姿勢を見ていると、こうした制作サイドの理解が十分ではないために問題の所在に気がつかず、それに対する発信者側のチェックが甘いためにそのまま流されて炎上した、と考えた方がよいのかもしれません。

できあがったものを制作会社から見せてもらったときに、担当部署の一女性職員／社員が仮に違和感を覚えたとしても、上司に対し簡単に異議を唱えられるとも思えません。そうやって制作会社の無理解から生まれたＣＭが、そのまま世に出て批判を浴びる。委託業者と東京都のやりとりを見ながら、そういう構図があるのではないかと思うようになりました。

こうした一連の経緯は、いい教材だと思い講義で取り上げました。「言葉狩りみたいだ」といった学生がいましたし、「そこまでやるの?」という感覚を持った人も当然いました。これは予想通りです。民間企業のしたことであれば、私もこんなことはしません。しかし、委託事業だとしても、東京都が行っているものです。都のシンボルのイチョウのマークをつけておいて、これはないだろうと。そして自信満々でこちらの抗議に回答した委託業者は、この東京都の持つ公共性をまったく理解していなかったと思われます。私がこれはダメ、とすぐに思ったのは、次に述べるある訴訟を念頭に置いていたからです。

私は東京都と「動くゲイとレズビアンの会(アカー)」との間で起きた「府中青年の家事件」のことを毎年講義で取り上げています。アカーが次年度の施設の利用を断られたために起きた訴訟です。[3] 地裁で敗訴した東京都は、控訴審で「その当時の知識では、利用拒否の判断はしかたなかった」という論理を持ち出しました。これに対し、1997年に東京高裁は、公権力の行使者たる行政は、少数者である同性愛者の権利を視野に入れた細かな配慮をする必要があり、そのことに無関心であったり知識がなかったりということは許されない、という趣旨の画期的な判決を出します。

「行政は知らなかったではすまされない」と20世紀にすでにいわれているのです。ちなみにここでいう「公権力の行使者」にはどこかの町役場の窓口にいる一職員も含まれます。大学の講義でも公的な立場に立つときの知識の必要性／重要性を強調しています。これはことの性質上本来、高校で必修で習うべき内容なのに、知っている学生はほとんどいません。「いままで知らなかったことが恥ずかしい」「今回勉強できてよかった」と毎年強い反応が返ってくる回になります。

東京都はダイバーシティを進めていく主体です。加えて、このアイデアコンテストは、いろんな国からくる人へのおもてなしをテーマにしたものです。さまざまなアイデンティティの違いに対して配慮するのが大前提だというのに、「僕ら」を無自覚に持ってくるということ自体が信じられない人権感覚なのです。

3人称単数はhe or sheそしてtheyへ

いま英語の用法としては、ジェンダーの研究者だけではなく、たとえば企業のトップが話すときも、3人称単数はhe or sheあるいはhim or herを使います。文面であればhim/her

とスラッシュを使うこともあります。私は極力逆にして she or he を使うようにしています。いずれにせよ、性別のわからない代名詞に he や him だけを使っていたら、私が暮らしたような大学街のコミュニティでは「あんた何やってんの?」と、軽侮の対象になることは間違いありません。言葉の政治について何もわかっていないことを露呈するようなものです。アメリカのどこかの州や大企業が him/her にせず、him だけに（することは考えがたいですが）もししていたら、即座に訂正せざるをえないでしょう。東京都が「僕ら」といってしまうのはそれと同じ誤りなのです。

さらに２０１０年代半ばあたりからこの三人称単数に they/them という用法が加わるようになりました。複数ではなく単数として使うのです。この単数を表す they という用法は、忘れ物の持ち主やドアをノックする人のように行為の時点では性別がわからないときに、それまでも存在していた用法でした。

それがトランスジェンダーの人のように、男女の二項対立になじまない人たちを表現するときの三人称として用いられるようになり、さらには him or her に代わって them を用いることも増えてきました。２０１０年代に複数の辞書にそうした用法が載るようになり、単数形としての they は American Dialect Society という学会から「２０１０年代を代表する新語Word of the Decade」に認定されました。[4]

もちろんすべての英語表現がこのように変化したわけではないですし、こうした「流行語」の一般的な浸透度・普及度は、アメリカの場合、国が広く考え方が多様である分、日本より低いと考えた方がよいと思います。ただもうそろそろ、he or she と言い続けるのが面倒なのでしょう。こういう方向に流れていくのは理解ができます。

それに対してこのアイデア募集キャンペーン、日本語には「私たち」という性別を問わない言葉があるのに、「僕ら」を選んだ時点でダメなのです。仮に語調が「ぼくら」の方がいいと考えたとしても、です。

ものすごく便利な「○○さん」

ご存じのように日本語は敬称で Mr. と Ms.（男女）の区別をしません。より正確にいうと性別を区別せずに敬称を使うことができます。Mr. と Ms. 以前に、いまどきアメリカで女性の Mrs. と Miss を区別して使っていたら、年配の人か、かなり保守的な人権感覚の持ち主と思われるでしょう。おまけにいちいち婚姻歴を確認するのは失礼かつ事務的にも面倒ですから、さまざまな申込書などの記入欄は、日本の性別欄の代わりに、男性はMr.／女性はMs.で統一されています。ただこれでも話し言葉を含めてMr.とMs.が残るため、それこそトランスジェンダーの人たちなどにとっては、生きづらさを感じる表現になってしまいます。

ところが日本ではほとんどありとあらゆる人を「さま」「さん」と呼ぶことができます。先輩、上司、男女問わず。私は先輩、後輩、同僚、学生はなるべく「さん」で呼ぶようにしています。修士論文を終えて、博士に上がった院生には「もう対等の研究者だから『先生』はやめて『さん』にしてほしい」と伝えます。

先日勤務先の英語教育に関する会議で、性的マイノリティへの対応が議題となり、英語のネイティヴの講師も学生をすべて「〇〇さん」と呼ぶことに統一したそうです。英語のネイティヴによる英語の授業なのに、〇〇 sanと呼ぶことに統一する、というのです。これはトランスジェンダーの学生さんたちへの配慮であるとともに、「さん」が性に中立的（gender neutral）な表現だからです。アメリカに暮らしていても確かに日本語が少しでもわかる人同士だと〇〇 -sanなどとメールで書くことがよくあります。「さん」はものすごく便利な敬称なのです。

ちなみに同じことは「先生」についてもいえて、英語だと小学校から高校までの先生はMr.やMs.をつけて呼びますが、日本語だと性別を問わず「先生」ですみます。資生堂の『女子高生のヒミツ』に出てきた教師は、英語だとＣＭの最初と最後で呼び方が変わるのですが、日本語では「〇〇先生」で同じです。ただ日本語母語話者（ここで「日本国民」や「日本人」といわなかったことに注意してください）[5]の多くはこうした「さん」などの「便利さ」を自覚していません。

逆につけ加えるならば複数形のtheyを「彼ら」と訳すのは不適切で、私の周囲ではふつうありえません。同じことですが、たとえば学生や教職員に対する代名詞として「彼ら」を使うとすると、やはり「世代が古い」「頭の中が保守的すぎる」と思われてしまうでしょう。先日受け取った勤務先の学部長のメッセージでも、新入生の代名詞を「彼ら／彼女ら」としていました。これは当たり前のことで、２０２０年代にあっては特殊な配慮ではありません。

話を戻すと、日本語はheやsheをあまり意識せずに表現できるために、強い反対も起きづらい。だからこそマイノリティをめぐる言葉の政治はとても大事なものなのに、そのことに無理解な人が多いように思われてなりません。たとえば４章で取り上げたチコちゃんに出てくる「いまこそすべての日本『国民』に問います」にしても、「日本のみなさん」ですむ。

もちろん「日本国民」にすることで堅さが出て、そのギャップを楽しんでいるわけで、「お笑い番組にまで口をはさんで目くじらを立てるな」というのはわかります。

私もこれにまで抗議するつもりはありません。ただこの多民族社会日本にあって、あの表現で排除されている人たちの存在には意識的であってほしいと思います。私も外国人として永住権を持ってある国に暮らしていたら、（そしてその地の言葉が上手なら）少し違和感や疎外感を覚えるだろうなと思います。

こうした一連のことに対して、「言葉狩りだ」としか思えないとすれば、こうした言葉をめぐる政治に関して、知識が不足している、もしくは古いと考えた方がよいと思います。フジテレビが１９８０年代から90年代にかけてお笑いネタとして使っていた「保毛尾田保毛男（ほもおだほもお）」を２０１７年にふたたび放映したところ、「ゲイを差別している」と批判を浴び、社長が公式に謝罪することになりました。30年間で社会の均衡点が大きく変わっているのです。もう少し人権感覚をアップデートしてほしいと思います。

あれもこれもダメ、といっているように思われるかもしれませんが、個人的にはいわゆる差別用語をとにかく使わなければよいという立場には、必ずしも全面的に賛成するものではありません。「片手落ち」といった表現を用いてよいかどうかは、表現者の立場によって変わりうると思います。ただ公共の立場からは、より広範できめの細かい目配りが要求されます。幅広い層に訴求しようと思うのであれば、もしくは特定の層をターゲットにしたつもりでもネット上でそれ以外の層にも伝播する以上、企業の広告においてもそれは同じです。「知らなかった」ではすまされないのです。

「これは！」と唸った台湾のCM

こうしたマイノリティを応援する分野でも「これは！」と思ったCMがあります。台湾の醤油メーカー「金蘭醤油（KIMLAN）」が2018年11月に公開したCMです。

「学校終わった？」「いま、行くからね」

そう言って、スマホを切る女性――。ここまでは、母親が仕事帰りに子どもを迎えに行くという、どこにでもあるシーンです。しかし、電話を切った女性が見つめるスマホのホーム画面には、よく見ると彼女と女の子、そしてもう一人の女性の顔が半分だけ見えています

女性「お腹すいた？」

女の子「ちょっとね」

女性「今日は豚肉の煮込みでいい？」

女の子「作ってくれるのはなんでもおいしいから、それでいいよ」

そんなおしゃべりをしながら、彼女と女の子は手をつなぎ家路につきます
自宅に着いて、夕食の支度をし、「味見してみてくれる？」といっていると、もう一人の女性が帰宅。「ママ！　おかえり！」と女の子が迎えます。

（ここで私は一瞬わけがわからなくなりました）

　帰宅した女性は「いいニオイ」といいながら、「おかえり」と声をかけた女性に対して、

「今日は、ヤーちゃんのお迎え、ありがとう」とやさしく微笑みます
「ちょうど、ごはんよ」

ふたりのママと娘が囲む穏やかな食卓のシーンが映し出され、こんなナレーションが流れます。

家庭によって料理の味は異なります
濃かったり、薄かったり、ちょっと特別だったり

食卓に愛がある限り、誰もが味わうことができる幸せの味がそこにあります
金蘭　幸せいっぱいの味

２０１０年代前半にサンフランシスコの郊外で、小学校高学年の娘と2人で暮らしていたとき、「あの子のおうち、お母さんふたりなんだって。そういうの当たり前みたい」と娘が平然と話をしてくれたときのことを思い出しました。中学の廊下には「性的指向で悩まないで」という手書きのポスターが貼ってありました。サンフランシスコにはカストロ地区という全米でも最大級のゲイタウンがあり、性的マイノリティの問題に対してアメリカでもっとも取り組みの進んでいる地域のひとつです。

そのころ大学で話をするときも、たとえば女性の研究者が「My partner is……」といいはじめた後、その partner を受ける代名詞が he なのか she なのかを注意するようにしていました。つまり異性愛者ならパートナーは当然男性なのですが、同性カップルの可能性もあり、she になっていることを聞き逃さないように気をつけていたのです。

ただこのＣＭの舞台は台湾。ＣＭが公開されたのは２０１８年秋、台湾の同性婚を一般の民法に組み入れるか、特別法で認めるかの是非を問う公民投票（国民投票）直前でした。あ

まり知られていないことですが、台湾は同性婚に関してアジアの最先進国です。[6] 同性婚を認めることについては2017年の大法官会議（日本の最高裁に相当）で判決が出されており、それを民法にするか、特別法にするか（のみ）が論点となっていました。異性間の結婚と完全に同じものにするのか、別の法律にするのかという点だけが論点で、同性婚を認めること自体は2018年時点では既定事項で動かせないものだったのです。

料理の味付けは家庭でそれぞれ。家族の形もそれぞれ。自社の商品を宣伝しながら、企業としては同性婚へ応援のメッセージを送ったことになります。ところが公民投票自体は反対派が多数となり、民法の改正はならず、新たな法律を制定するかたちで同性婚が認められることになりました。

リスクをとった見事な発信

もう一度注意してほしいのですが、（公民投票や議会の議決ではなく、裁判所である）大法官会議で同性婚が認められたという経緯から、当然同性婚に否定的な意見を持つ人々もそれなりにいたわけです。しかしもはや同性婚を否定する選択肢はありません。反対する層は公民投票で、（しょうがないので）民法に組み込むことに反対し、賛成派は民法に組み込むことを要求するわけです。公民投票の結果、反対が多数派だったということは、少なくとも潜在的にはこのＣＭには賛同しなかった人も多かったということになります。

これは企業から見ると、かなりのリスクをとった発信です。そもそも同性婚で直接の恩恵を受けるのは多くても人口の数％程度。ほかの人にとっては「どうでもいい問題」かもしれません。たかだか醤油のメーカー（というのは失礼ですが）ですから、不買運動は簡単にできます。ふつうはこんな国論を二分するような政治的な問題には態度を表明せず、どちらからも買ってもらえるようにするのではないでしょうか。少なくとも日本の企業の多くはそうした行動をとるはずです。「選択的夫婦別姓支持」を打ち出す食品メーカーなど、残念ながら現れないでしょう。それでも時代の半歩先を行こうとしたこの会社の姿勢を、私は見事だと思いました。

YouTube の台湾での反応を見ていると、「82歳の老舗企業の28歳のような新しい考え方と前を向く姿勢こそ、この国の標準となるべき」「誰にも何かを押しつけずに、愛を語るすばらしい広告」「アメリカにいるけど早くアジア食品スーパーでひと瓶買いたい」と絶賛の意見が並んでいます（もちろん不都合なものは消されたのでしょうが）。

異性愛だけが標準だと主張する誰かを、声高に否定していないという点で、訴求層を分断しておらず、広い訴求層にも目配りがきいていて、かつ時代の半歩先を見せている。いままで本書で見てきたＣＭのお手本とでもいえるくらい、見事なスタンスなのです。

もちろん１９８０年代の戒厳令下の台湾でこんなＣＭは作れなかったでしょうし、その時点では「半歩」どころか「数百歩」も先で霧のかなた。メッセージとして間違っていなくても、広告としては成り立たなかったはずです。その意味では社会の「現在地」を把握し、そこから半歩先を考えています。企業としてはリスクをとるのですが、「醤油は金蘭にしよう」と異性愛者の間でもファンを増やしたのは反応を見ても明らかです。

このＣＭも実は逆の意味で、本章で取り上げた「言葉の政治」と関わっています。「性的マイノリティ」「ＬＧＢＴ」という言葉は、すでに日本でも十分に通用する言葉になったように思います。ただこの領域は、言葉の用法についてものすごく細かい注意の必要な分野なのです。

性的マイノリティについてはいま、Ｌ（レズビアン）Ｇ（ゲイ）Ｂ（バイセクシュアル）Ｔ（トランスジェンダー）だけでは分類しきれず、さまざまなカテゴリーが追加されています。主なものでまずＱ、これはクィア（性別の線自体を問題視する）、または日本ではクエスチョニング（どちらの性であるかの性自認が揺れ動く）の人を指す場合もあります。次にI、これはインターセックスで半陰陽など身体的にどちらかの性に分類しきれない人。さらにAはアセクシュアルで、誰に対しても性的指向を持たない人。もう一つがPで、パンセクシュアル。性的指向の向かう対象が異性・同性だけでなく性的マイノリティを含め、全方向になる人です。

これらを含めるために、ＬＧＢＴＱＩＡＰといった用語が使われることもあります。でもおそらくそれだけで自分のアイデンティティは説明しきれない人も出てくるはずで、これにさらに、別のものが加わって……などということが想定され、もうさすがにきりがないという議論が出てきました。そこで全部まとめて、Sexual Orientation（性的指向）とGender Identity（性自認）にして「ＳＯＧＩ（ソジ）」という用語法が使われるようになったのです。

また本書の中では一貫して「性的マイノリティ」という言葉を使っていますが、これも実は理由があります。ＬＧＢＴでは不十分なのは、いま述べた通りです。一方でこれをセクシュアル・マイノリティにすると、クィアの人たちのように、身体の改変ではなく、ジェンダーの境界線を意図的に崩そうとする人たちが含まれない可能性が出てしまいます。そこでセクシュアルではなく漢字語の「性的」を使ってジェンダーの問題を含められるようにしているのです。

関係ない話をしたように思われるかもしれません。しかし金蘭醤油のCMはこうした性的マイノリティをめぐる複雑な言葉の政治を、東京都の「僕ら」のように人口の半分を無視して踏みにじってしまうのではなく、「愛しあうふたり」だけにフォーカスすることで、軽やかに越えているのです。「逆の意味で」と述べたのはそのためです。

CM終わりの中国語は直訳すると「食卓を囲むお互いが愛の温度を感じることさえできれば、幸せを味わうことができる」となりますが、これは異性愛者だろうが、性的マイノリティだろうが、誰にもでも通じる言葉。言葉の政治の難しい世界を、映像の力でひらりと越えた、見事なCMだと思います。

訴求層がもし性的マイノリティだとすると数%しかおらず、レズビアンだと考えると1%もいるかどうか。およそCMとしては成立しないはずです。にもかかわらず、容姿・性的メッセージの2章で紹介したCMのように訴求層を分断したり、3章のようにせまく読み間違ったりするのではなく、きちんとマジョリティに届くメッセージになっています。さらに1章、4章で取り上げたCMのように、現状を追認した古くささを感じさせることなく、ちゃんと時代の半歩先を描いている。公民投票の結果を踏まえれば、もちろんその分反発も受けたのかもしれませんが、それは時代に遅れたからではなく、先んじたから。おまけに本章で述べた言葉の政治も上手に越えている。本書で取り上げてきた論点を見事にクリアするＣＭとなっており、これこそが人を感動させるＣＭなのです。

---

1 東京２０２０オリンピック競技大会公式ウェブサイト「大会ビジョン」

2 「復興関連予算２３００万円使い制作　県は継続方針も知事判断は…」産経ニュース電子版２０１７年7月22日

3 くわしくは瀬地山「有名外資企業がＬＧＢＴパレードに協賛する理由」東洋経済オンライン２０１４年6月26日を参照のこと

4 American Dialect Society：2019 Word of the Year is "(My) Pronouns," Word of the Decade is Singular "They" ２０２０年1月3日

5 たとえば大坂なおみは日本国籍を持っているが、日本語母語話者ではなく、在日韓国・朝鮮人の多くは日本国民ではないが、日本語母語話者である。

6 くわしくは福永玄弥「『ＬＧＢＴフレンドリーな台湾』の誕生」瀬地山編『ジェンダーとセクシュアリティで見る東アジア』勁草書房、２０１７年、を参照のこと。

終章——履いている下駄の高さ

図表6-1　「炎上」した広告の4象限

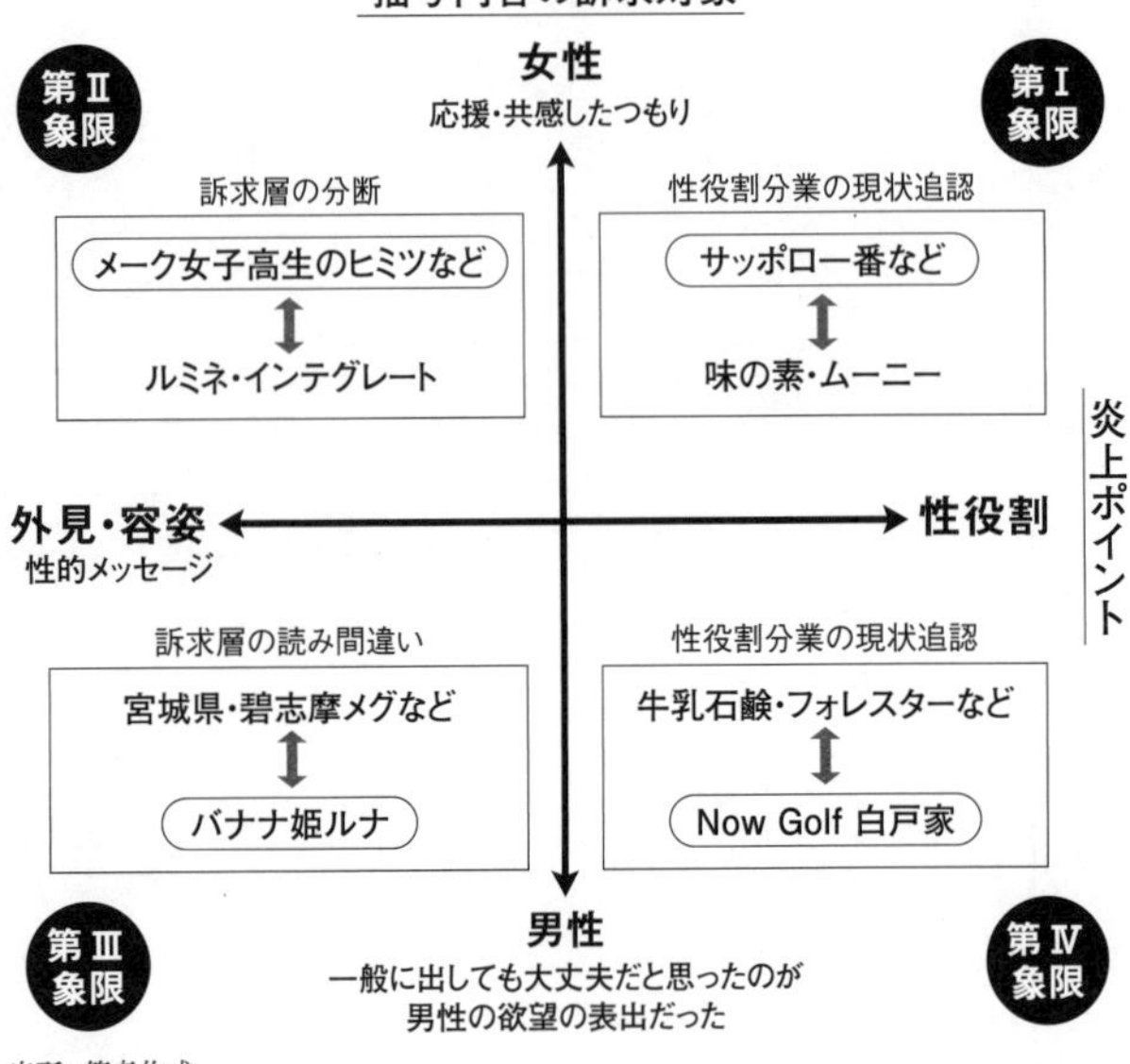

出所：筆者作成

これまで批判の的となったCMと、その領野での問題をクリアしたCMを紹介してきました。これらを最初の4象限図式に戻ってもう一度整理してみましょう（**図表6-1**）。そこには各章で問題になったCMだけではなく、同じ状況を反映させつつ、批判の的とならなかったCM、各章で本書の観点から見て評価できたり、最低限セーフだったものを対比してあげてあります。

4象限を改めて整理する

これらの問題点を再確認しましょう。

まず1章で取り上げたCMは性役割分業規範を前提とした上で女性を応援しようとしたものです。女性による家事育児を強調するメッセージの古さが問題になったことを論じました。つまり家事育児が女性のみの負担になっている現状に、批判的な目を向けることなく、性役割分業の実態を追認・肯定してしまったのが、味の素やムーニーです。そしてそれを乗り越えたものとしてサッポロ一番のCMを紹介しました。

女性の就労パターンとして、女性が全部の家事育児をやる「味の素型」と男性が夕食を作る「サッポロ一番型」というのは、大変わかりやすい対比だと思います。これからの時代、どちらが求められるのかも、意識調査の結果を見ずとも自明です。半歩先の方向性が比較的明らかなので、この領野で炎上するのはあくまで現状に寄り添う「確信犯」なのかもしれません。

2章では、服装や化粧といった女性に強く圧力がかかる領域を取り上げました。ルミネやインテグレートは、同じ訴求層なのにその中の一部の評価を下げて上を目指せ、という形になっているために訴求層を分断してしまい、その内部から反発を食らう結果となりました。そうした意味で、訴求層の欲求を読み間違えたことになります。化粧品もファッションも、程度の違いこそあれ男性も含めて、およそもっときれいになりましょう、もっとかっこよくなりましょうというCMにならざるをえません（当然ですがそのこと自体がすべて悪いといいたいのではありません）。これに対し、西武・そごうやPOLAはそれを意識して、明確に違うメッセージを送っています。これは重要な発信だと思います。

ただ逆にいうと容姿・外見を整えるという圧力を相対化しながら「政治的に正しい」CMを打つのは少し難しい領域のように思われます。そしてそれとは違うレベルで、インテグレートと同じ資生堂が作った『女子高生のヒミツ』は、男性に化粧をするという形でこの難問を別の次元で乗り越えていると考えました。

3章で取り上げたのは主に自治体などのPRで、万人受けはしないかもしれないが、一般向けに出しても大丈夫だと思って制作したものが、結果として男性の願望の表現になってしまっていたために、批判の的となったものです。訴求層の中の一部分（男性）の願望を描写したために、本来は訴求層に含まれていたはずの女性などから反発を食らう結果となってしまいました。宮城県は訴求層として女性を無視しているような動画を作ってしまった。日本赤十字のように公的な団体の広告でゾーニングを間違えたために問題が起きたのも、このパターンの典型例です。この領域での成功例としては、もちろん各地のゆるキャラやチコちゃんのように、性別がほとんど意味を持たないものがあります。一方であえて女性性を発信しているもののうち、数少ない成功例として北九州市のバナナ姫ルナをあげることができると考えます。

4章で取り上げたのは、男性の家庭内での役割を描いたものです。1章で取り上げたものの男性版。「はたらけ!」とかりたてる栄養ドリンクから、スバルのフォレスターまで、家事・育児に携わらない男性を描いたために、批判の的となったものです。男性の自虐ネタのようにとれる栄養ドリンクは、男性からの批判が殺到したわけではありませんでした。ここで批判されたのは、むしろ男性の目線から見える家族との関係が、あまりに身勝手だから。

問題点は1章と同様、性役割分業の追認にあります。高度成長期のような男性像を描いたために、メッセージの古さが目立ち、半歩先どころか半歩後ろ、数歩後ろのものと受け取られて批判されました。これに対するものとしては「サッポロ一番型」の男性像もあげることができるでしょうが、この章ではソフトバンクの白戸家を取り上げ、その家族像の持つ先進性について考えました。

5章では言葉の政治に関して、基本的な考え方を提示しました。女性が職場に「職場の華」としてではなく、戦力として働くようになった結果、さまざまな用語法に配慮が必要になっていった。そこから生まれた言葉の政治に正しく対応することは、マイノリティに気がつく第一歩としてとても重要なことなのです。その上で東京都の委託事業者の間違いを指摘しました。民間企業とは次元の異なる配慮が必要な領域でもあります。さらにそうした問題を乗り越えた事例として台湾の金蘭醤油のCMを取り上げました。そしてこのCMが狭い意味での訴求層が極めて小さいにもかかわらず、イメージ広告として大成功したことをその要因とともに解説しました。


こうして見るとCMが批判の的となったものには、必然的な理由があり、これから炎上するかもしれないCMやPR動画も、ジェンダーに関する限りおそらくこの4象限＋1のパターンに入るのではないかと思われます。

私が一番気になるのは第Ⅰ象限と第Ⅳ象限で性役割分業規範を追認し、再生産してしまうようなCMがくりかえし作られている点です。食事を作る主婦層は人口として一定程度のボリュームがあり、その配偶者である男性とともに、こうしたＣＭの受容層になっています。だからこそこの手のＣＭがそれなりに支持をされ、作られ続けているのでしょう。しかし「私作る人、僕食べる人」からもうほぼ半世紀です。たかだか１００年の歴史しかない「お母さんだけが子育てをして、ごはんを作る世界」から、ＣＭくらい抜け出してくれてもいいのにと思います。

一方各章でよくできていると述べたＣＭ、「サッポロ一番」「女子高生のヒミツ」「白戸家」「金蘭醤油」、つけ加えるとすれば「チコちゃん」。これらはいずれも理屈っぽくありません。「男女平等」なんて唱えていないし、「女にしばられず、自分を大事に」というわけでもなく、「新たな家族像」を提言しているわけでもなければ、「同性婚賛成」と訴えているわけでもない。そしてチコちゃんは無邪気なだけ。

これこそ映像の力だと思うのです。私は研究者なので、文字と言葉でしか自分のメッセージを伝えることができません。でもＣＭは、映像を使うことでことばと言葉の対立をひらりと超えて、メッセージを出すことができる。私の言葉は問題点を洗い出し、批判するもの。賛成しない方も当然いるでしょうが、１００人中99人が賛成でも、おかしいと思ったら反対の声を上げる。これは大学に課せられた社会的使命のようなものだと私は思っています。

ところがわずか2分ほどのＣＭは、私の作業よりもはるかに多くの人の心を揺さぶることができるのです。性別を超え、立場を超え、言語を超え、国境を越え。本書では批判ばかりしてきたように思われるでしょうが、ここまで書いてきた私の正直な感想は「ＣＭってすごいな」というものです。１秒も、ワンカットも無駄にせず、よけいな言葉を介することなく、映像に語らせることでメッセージをものすごい範囲の人たちに届ける。これこそＣＭにしかない力で、だからこそこれらを作ってきた人たちに敬意を表したいと思いますし、これからもいいＣＭを見たいと思っています。

おわりにかえて　～なぜ私はジェンダーの問題と向き合っているのか～

ここまでさまざまなＣＭとジェンダーの問題を見てきましたが、最後にＣＭから少し離れて、私がどんなことを考えながら、こうした問題と向きあっているのかを少しだけ説明させてください。「男性なのになぜジェンダーの問題に関心を持ったのか」と聞かれることもよくあるのですが、私は自分の研究だけではなく、講義やゼミを通じて、毎日のようにジェンダーやセクシュアリティの問題に関わっており、問題が前に進んでいかないもどかしさを感じています。そんな背景を含めて、私なりの立場について少し説明させてください。

東大には専任の教授・准教授・講師だけで約2500人おり、これに特任や非常勤の方が教えるものを加えると、全学にいったい何万の授業があるのか、まったく見当もつきません。ただ私が担当している「ジェンダー論」が全学の授業の中で一番女性の履修者が多い講義であることは間違いないはずです。元をたどれば1999年に男女共同参画社会基本法が制定されたときに、東京大学教養学部の取り組みの一つとして生まれた講義であり、そのことには責任を持たねばと考えています。春になると500席を超える階段型の大教室が通路まで埋まり、たくさんの立ち見が出ます。そんな駒場キャンパスの教室からの声を、本書の最後のメッセージにしようと思います。

2020年4月の学内広報紙『教養学部報』に新入生向けの文章として「東大の入試は公平でしょうか?」という小文を書きました。もちろん不正などありません。でも、だとすればどうして東大の女子学生比率（学部入学者）はずっと2割を超えないのでしょう?　それは女子高校生が、男子ほどには優秀ではないからでしょうか?

先進国の有力な総合大学で、これほど極端に性比が偏っている大学はありません。よく欧米とだけ比較されますが、北京大学やソウル大学も女子が4割を超えています。なんとか女子比率を3割にしようと、女子高校生向けの説明会を開いたり、冊子を作ったり、さまざまな施策を行ってきました。女子学生限定の家賃補助制度「すまい支援」も女子比率向上に向けた施策の一つです。

この制度については、「なぜ、女子だけを優遇？」「男性差別だ！」といった声が寄せられました。批判に対してはいくらでも論破する用意はできているので「全部まとめて、私のところにかかってこい」と公言しています。そもそも、こういうことをいう人は、女子学生の置かれている状況をまるで理解できていないのです。自分の履いている下駄の高さに気がついていないといいかえてもいいでしょう。

もともと経済的に苦しい層向けには寮費月額1万円程度の宿舎があり、男女ともそちらを利用しています。「すまい支援」は比較的値段の高い物件で、寮よりも居住環境などを重視する人たちのために、地方の親御さんが上京したときにも泊まれるくらいの部屋が対象となっています。女子寮を新たに作る予算がないので、よりコストが安いこうした制度を設けているのです。

なぜこのようなしくみを作るのか？　それは地方から東大に進学する女子が極端に少ないからです。**図表6-2**はある地方の公立高校の、2年分の合格者数のデータです。この高校

図表6-2　ある公立進学校の合格者数

（人）

	東京大学		京都大学		地元旧帝大	
	男	女	男	女	男	女
現　役	11	0	17	3	50	57
浪　人	5	2	15	3	30	5
計	16	2	32	6	80	62

2018年春と2019年春の２年分の合格者数
出所：筆者作成

はその地域でも有数の進学校で、（東大京大ではない）旧帝大が自宅からの通学圏にあります。このデータをみなさんはどう読み解きますか？

まず通学圏内にある地元旧帝大に現役で合格した生徒が、２年間の合計で男子（50人）より女子（57人）の方が多くなっていることに注目してください。現役の東大・京大の女子が極端に少ないので、これはつまり現役で東大や京大に通ったかもしれない層が、女子のみ地元旧帝大にまわったと解釈できます。「浪人を避ける」「親元から通う」この二つの制約が女子に強くかかっているのでしょう。

そして、浪人生になると地元旧帝大に進学する女子まで激減します。浪人の男女比は６対１です。これは明らかに「女子のみの浪人回避」です。このデータを高校の先生からいただいたときは驚きました。そして何より、このデータをくださった高校の先生が驚いていらっしゃいました。「こんな指導方針はとっていない、表にするまで気がつかなかった」と。

この単純な表が示しているのは、「東大や京大に合格できる実力を持った女子が地元の旧帝大に進学している」「女子は地元から出ることは許されず、浪人することを認められていない」ということです。現役では女子の方がたくさん合格している地元旧帝大に、浪人になると男子30人に対して女子がわずか5人。これはどう考えても学力差ではなく、女子は浪人をさせてもらえない、だから浪人しないよう志望校を下げる、という圧力の結果としかいいようがありません。

当然ですが、地方の有力な大学に優秀な学生が集まることを悪いといっているのではありません。私自身が関東地方の出身ではないので、優秀な学生がさまざまな大学に進学することは望ましいことだと考えています。ただそこに極端な男女差があり、女子に対してのみ別の圧力がかかっているとなると、それはやはり問題だとしかいいようがありません。進学実績からもわかるはずですが、女子が男子より優秀でないということは絶対にありません。東大でも受験者の性比と合格者の性比はほぼ同じです。

さらに困ったことにこの学校があるのは、決して東京から遠いエリアではありません。東京まで新幹線で2時間程度の距離です。東京が見えている進学校ですら、18人中2人しか女子がいない。こうした差別の累積があって、東大の女子比率は2割の壁を超えられない、いいかえれば女子は東大を受けさせてもらえないのです。

２０１９年の入学式での上野千鶴子さんの式辞が大きな話題を呼びました。ちょうどよいと思ったので、それを紹介しながら、ジェンダー論の講義で感想の紙を集めたのですが……「『女子学生が合格しにくいのは、男子の成績の方がよいからでしょうか？』という上野さんの問いに、後ろの学生が『そうです』とつぶやいていて、憤りを感じこの講義にきた」という男子学生。

受験時に母親同士で、「ご子息はどちらの高校？」と聞かれて「娘です」と答えたら、「あ、変わってるのね」といわれたという女子学生。

さらには「親にいわれて一度は女子大に進学したけれど、どうしても東大に行きたくて泣いて暴れて説得して東大を受けました」という学生もいました。泣いて暴れて大学に入学できるというのならまだしも、ただ試験を受けるだけのために、泣いて暴れなくてはいけない。これが男子だったら、特に大都市部の中高一貫校出身だったら、なんの問題もなく「すごいね」「がんばってね」といってもらえるでしょう。しかし、女子は志望校を決める段階から闘わなくてはならないのです。それはさきほどの表からも明らかです。

また、九州の県立の進学校を卒業し、浪人して東大に入学した女子学生はこんなことを書いてきました。

「家から出ることを親に許してもらえなくて地元の国立大学に行った同級生がいます。浪人時代、彼女と偶然会って、『大学どう?』って聞いたら、『英語がね、高校のときより簡単なの……』といっていました。その言葉を聞いて、浪人させてもらえた自分の環境に感謝しました」

これは「感謝」しなければいけないことなのでしょうか?

「僕のクラスに一人、自分より成績がいい女子がいた。第一志望が東大で、第二志望が地元の国立大。でも浪人が許されないからって地元の大学に行った」

また合格者が十数人の地方の県立高校出身で、「女子は私だけ」と書いた女子学生が2人もいました。

駒場の大教室にはいない全国の女子高校生たちの悲鳴が、私には毎年聞こえてくるのです。

そしてこれは残念なことに、東大だけの話ではありません。

「進学するなら、家から通えるところね」

「浪人なんてしなくても、現役で行けるところにしなさい」

「4年制大学じゃなくて短大でいいじゃないの?」

「女に学歴はいらない」

　同じ現象はどのレベルでも起こっていて、女性はいつもひとつずつ下にずれて、「そんなにがんばらなくていいから」と、やる気の翼までもぎ取られてしまう。女性は自分の可能性、限界に挑戦することすら、いまだに容易ではないという事実に、どうしてこの社会は鈍感であり続けるのでしょうか。

　こうした構造的な差別の存在に気づいていないから、女子学生向けの家賃補助を「逆差別」だと安易にいってのけるのでしょう。女性が経験する日常的差別を認識できていないという点で、想像力が足りないといわざるをえません。そして映画のレディースデーと電車の女性専用車両ばかり取り上げて、逆差別だと騒ぐ。自分が履いている下駄の高さをまるでわかっていないのです。女性が「優遇」されることに対する「男性差別だ」という主張の多くは、この一言で片付けられると思っています。

　そして結果として会社の上層部には男ばかりがいて、広告を作る現場も、男の方が多い。

ＰＯＬＡのＣＭで出てきた女性の苦悩の表情はよくわかります。

２章で取り上げた高橋まつりさんが、めちゃくちゃな残業の果てに「殺されて」しまったのは、大手広告代理店の電通です。２０２０年代には、本書で批判したようなものとは違うメッセージのＣＭが作られていくのでしょうか？　それをチェックしていくことは、この本を読んでくださったみなさんと一緒に考えながら、私が果たしていく宿題だと思っています。

本書であげたＣＭがなぜ女性の側から批判され、問題視されるのか。それは女性を都合よく型にはめようとしていたり、女性の声や感覚を無視していたりするからです。そしてそれは男性にとっても不自由であったり、ときには危険であったりもします。

学問的に不十分な作業だったとしても、ＣＭを決める権限を持つ男性たちに、少しでもこの本のメッセージが届くことを願っています。

あとがき

私は社会運動を続けたいと思ったので大学院に進みました。この資本主義の世の中で「正義の味方」を標榜して飯を食うのは、思っていたより大変でしたが、「ジェンダーが専門だけど育児には関わりませんでした」なんて、私にとっては本末顛倒です。私なりに「仕事と家庭の両立」に苦しみながらも、ＣＭに出てくる「亡霊」のようにはならずに、子どもたちとの時間を持てたのは幸せなことだったと思っています。一緒に時をすごしてくれた子どもたちに「ありがとう」と伝えて、この本を渡すのが楽しみです。

分野の特性上、一般の人たちにメッセージを発信するのも仕事の一部だと考えています。そんな人たちに手に取ってもらえる本にしたいと考えたので、参考文献や注は最小限にとどめました。またネット上の情報については、論文のようにＵＲＬを貼りつけるのではなく、注の文言で検索すればたどり着けるようにしました。いずれも研究者のみなさんからは批判されるでしょうが、「訴求層の違い」とご理解ください。炎上しないことを祈っています。

すぐにできるはずだったのに、私のせいでずいぶん長くかかってしまいました。CMだけで書くことも考えたのですが、背景の説明が必要になり、東洋経済オンラインの連載で書いていたものの一部をリライトして取り込みました。あの連載以来さまざまな取材依頼が増え、それらに答えているうちに、パターンが見えてきたように思います。連載を担当してくださった東洋経済新報社の桑原哲也さん、本当にありがとうございました。

ご本人も忙しいのに、最初の読者になってチェックをしてくれた中村圭さん、化粧品のディーテールを含め、コメントありがとうございました。遅筆のために担当の編集者まで途中交代になりました。前任の森坂瞬さん、現在の高橋恒星さん、本当にお世話になりました。ありがとうございました。

そして何よりも鈴木靖子さん、出版社との調整やデータ収集、何から何までお手伝いいただき本当にありがとうございました。お気持ちを受け止めたものになっているとよいのですが。

全国のいろんなところで私の話を聞いてくださったみなさん、駒場キャンパスの大教室を満杯にしてくれる学生のみなさん、みなさんたちとの対話が、この本の出発点だったように思います。そして私にとってのゴールは、この本のメッセージがＣＭにかかわる男性たちと、全国の女子高校生たちに届くことです。

コロナ禍で人の消えた駒場キャンパスにて
２０２０年春

Ⅲ　介護時間や彼氏いない率をことさらに取り上げるのは逆効果でしょう。ただ「まじめえひめ」は多数のPR動画が作られており、このプロジェクト自体は自治体の知名度アップという意味ではがんばっていると思います。

2020年　JR東日本／高輪ゲートウェイ駅案内サイネージ

3月14日に開業した山手線・高輪ゲートウェイ駅の構内に、2台のAIによる駅案内のサイネージが設置された。男性駅員はリアルな描写なのだが、女性駅員のほうはアニメ風で、男女の描写があまりに違いすぎると話題に。女性キャラは「渋谷さくら」という名前で、年齢や彼氏の有無など個人的なことにも回答。話している間に髪をかきあげる仕草も見せるとか。

SNS上では批判の声が上がったが、一方で、「過剰反応」という指摘も。JR東日本は男女のキャラの違いについて、ネットメディアの取材に対し、2台は製造元が違い試験導入段階であること、男女のキャラをそれぞれ用意する意図はなく、「たまたま置いただけ」と回答した。

Ⅲ　そもそも相手が実在の人間なら、彼氏だのスリーサイズだのを女性の駅員に聞くことなどありえず、もしそんなことをしたらその時点でハラスメントです。かといってAIが客を強く叱責するわけにもいかず、今後どう修正されていくのか見ていきたいと思います。

う認識だった」と説明をしている。

> Ⅲ　男性の欲望表出の典型的なパターンです。自衛隊という男性中心の軍隊組織の体質をものの見事に表す事例といえるでしょう。女性自衛官はいらないと自分から宣伝しているようなものです。いらないんでしょう。事後の弁明を含めて問題の所在すら理解できないようで、つける薬がありません。『涼・宮城』を打ち出した宮城県知事、村井嘉浩がやはり自衛隊の広報担当部署経験者なのは偶然でしょうか？

2019年　日本赤十字／献血キャンペーンポスター

胸の大きな女性キャラクターを起用した献血キャンペーンのポスターに対し、外国人男性が「過度に性的であること」「こういうものには時と場所がある」とSNSに投稿。これをきっかけに、ネット上で議論が紛糾した。

そもそもは若者の献血促進を狙い、人気マンガとコラボした企画の一貫で、ポスターのキャラクターもマンガのヒロイン。そのため、「性的である」というポスターへの批判に対しては、「表現の自由の侵害」を訴える意見も。また、胸を強調したポスターへの批判が、いつしか巨乳自体への批判と捉えられるという事態にも展開した。

> Ⅲ　3章で言及。

2019年　愛媛県／PR事業「まじめえひめプロジェクト」

愛媛県が「まじめ」とされる県民性を全面に打ち出すPR戦略を展開。その一環として5分間の動画を制作した。

動画は、県職員が県の知名度アップのためのアイデアを出し合い、「県民のまじめさ」に気づくというドラマ仕立てのもの。「ボランティアの時間が長い」「自転車に乗るときにみんなヘルメットをかぶっている」といったデータのほか、「介護時間が長い」「彼氏がいない独身女性が多い」という点もアピール。

家族による介護や看護を美徳とした点、独身をネタにしたことなどに批判の声が上がった。こうした批判に対し、県の担当者は「ご意見としては受け止めるが、介護時間の長さは人を思いやる気持ちであり、独身女性が多いのはつつしみ深く、おしとやかさのあらわれ」とし、いずれも問題ないとの見解を示した。

クラブの2016年度の新人賞に入選していた。

そのほかにも、「ナンパしてくる人は減る。ナンパしてくる人の年収が上がる。」「着物を着ると、扉がすべて自動ドアになる。」「着るという親孝行もある。」というコピーを用いたものもあり、「着物は男に媚びるために着るのではない」と着物愛好家も不快感を表明。そのほか、さまざまな立場の人を侮辱していると問題視された。

> Ⅱ　コピーとしては上手かもしれませんが、性的なメッセージが強すぎると感じる人はいるでしょう。さらに「ハーフ」を無批判に使っている点も5章の「言葉の政治」の観点からは注意が必要です。「ハーフ」は沖縄で差別的に感じる人がいたり、在日の間で「ダブル」という用法があったり、当事者の間で否定的に捉える人もいる言葉なので、少なくとも慎重に扱うべき用語です。

2019年　トヨタ自動車／ツイッターキャンペーン

トヨタ自動車が自社の公式ツイッターにて、「女性ドライバーの皆様へ質問です。やっぱり、クルマの運転って苦手ですか？」とアンケートを実施。選択肢は「とても苦手」「少し苦手」「どちらでもない」「得意です！」の4択だった。

回答する人も少なくなかったようだが、リプライ欄は「やっぱりって何？」「苦手選択肢が2つ？　バカにしている」という批判の声が殺到。同社は謝罪し、当該ツイートを削除した。

> Ⅱ　外見／容姿ではありませんが、訴求層の女性の分断です。それ以前にそもそも社会調査の設計のしかたからして間違いです。広告を作るのなら、最低限きちんと「社会調査法」の講義を受けてください。

2019年　自衛隊滋賀地方協力本部／自衛官募集ポスター

自衛官募集ポスターが人気アニメとコラボ。アニメは魔力を持った少女が空を飛びながら敵と戦うという物語で、ポスターでも3人の少女が空中でポーズを決めている。

問題視されたのは、短いスカートと黒い下着のようなものが見えている点。「下着を見せている」「不適切ではないか」という批判が殺到した。登場人物が身につけているのは下着のように見えるズボンという設定で、ポスターを制作した滋賀地方協力本部も「ズボンとい

Ⅱ　「ワンオペの方が100倍楽」だとⅠも入りますが、基本的にはⅡです。「忙しくても、ママ感出していかない！」といわれると、ちょっとつらいですね。ちなみに東大生にとっての最高のほめ言葉は「東大生には見えない」です。

2019年　ロフト／動画『【LOF－TV】Valentine'sDay2019』

同社が広告チャンネルにて、バレンタインにあわせてアニメーション動画を公開。5人の女の子が恋愛話などをしつつ、最後は「ズッ友」「てか、やっぱ女子だけって落ち着く」といいあう。が、背後では髪の毛を引っ張り合ったり、パンツをめくったり、服をひっぱったりする姿が描かれていて、「女性は陰湿っていいたいのか？」「意図がわからない」といった声が続出。同社は「配慮を欠いた事を反省し、当該ビジュアルの掲出を停止いたします」と公式ツイッターで報告したが、「ユーモアも通じないのか」との意見もあった。

Ⅱ　個人的にはこれは笑えました。ただ訴求層が女性である以上、CMにするメリットがあまり考えられません。

2019年　江崎グリコ／子育てアプリ「こぺ」宣伝サイト

同サイト内で「パパのためのママ語翻訳コースター」というコンテンツを発表。具体的に次のような事例を掲載していた。

「一緒にいる意味ないよね」→「私のこと、どう思ってるのかな?」
「もういい！」→「ほんとは甘えたいの」
「好きにすれば？」→「それをやったら、もう知らないから！」
「わかってない」→「正論はもとめてない」

これに対し、「適切ではない」「女性をバカにしている」と批判が殺到し、公開終了となった。

Ⅳ　これはおそらく『妻のトリセツ』を背景としたもの。だからこういうことを一般化してほしくないんです。あの本の害悪の産物です。

2019年　銀座いせよし／宣伝ポスター

呉服店が2016年に掲出したポスターが、3年後の2019年に炎上。スクランブル交差点を歩く着物姿の女性の写真に「ハーフの子を産みたい方に。」というキャッチポスターが添えられ、「下品」「ハーフはペットじゃない」と批判が噴出。この作品は東京コピーライターズき自己愛沼女子」「仕切りたがり空回り女子」「ともだち依存系女子」と、揶揄しているようにも受け止められる内容で、「バカにしている」「顧客を悪く描いて楽しいのか」と批判が噴出。同社は謝罪ツイートを出し、当該ツイートを削除した。

> Ⅱ　何がやりたいんでしょう？　顧客をぶった切って遊びたいのでしょうか？

2019年　西武・そごう／オリジナルムービー『わたしは、私。』

1分ほどのムービーは、女性に白いパイが投げつけられる映像に、以下のナレーションが流れるというもの。

「女の時代なんて、いらない。女だから、強要される。女だから、無視される、女だから、減点される。女であることの生きづらさが報道され、そのたびに『女の時代』は遠ざかる。今年はいよいよ時代が変わる。本当ですか？　期待していいのでしょうか。活躍だ、進出だともてはやされるだけの『女の時代』なら、永久にこなくていいと私たちは思う。時代の中心に、男も女もない。わたしは私に生まれたことを讃えたい。来るべきなのは、一人ひとりがつくる、『私の時代』だ。そうやって想像するだけで、ワクワクしませんか。わたしは、私。」

「暴力的だ」「パイを投げる側に問題がある」「個人の問題に集約させるのか？」「不快」「意味がわからない」というのが批判意見の一方、「パイを投げつけられても、立ち向かう姿に元気が出た」と肯定意見も多く賛否両論、話題となった。

> Ⅱ　2章で言及。

2019年　小学館／雑誌『Domani』駅中広告

誌面リニューアルにともない、東京メトロ表参道駅に広告を出稿。巨大なポスターには、「今さらモテても迷惑なだけ。」「忙しくても、ママ感出していかない！」「中途半端なイクメン気どりなら、むしろワンオペのほうが100倍楽。」「“ママに見えない”が最高の褒め言葉♡」「助手席じゃなく運転席の女でいたい。」「働く女は、結局中身、オスである。」といった数々のキャッチコピーが並んだ。

「古い!!」「女性を分断するだけ」と炎上。

ごいモチ肌の女性に抱かれているような感じですね」といったやりとりが展開。また、アウターに響きにくいことについて、「ハイゲージのニットとかを着けている女性、好きなんですよ。でもブラジャーがレースとかでボコボコってしてると、あ、この人レースのブラジャー着てるんだなってわかっちゃう。良いとこでもあるんですけど、楽しみにしときたいじゃないですか」といった発言も。これについて「偏見とハラスメントを凝縮」「女性差別」との批判が集まった。

Ⅲ　訴求対象が男性のみなのでできるCMですね。

2018年　P&G／ジョイ公式動画『優しいママの怖すぎる本音』

子どもから「グラタン食べた〜い」とせがまれた母親。微笑みながらも、「毎日脂っこいものばっかり」「チーズの焦げ付きは手洗いしないと」「食洗機じゃ落ちねーんだよ」「ホント、よく食うなあ」「ゴシゴシゴシゴシ……洗うのは私なんだよ！」「食洗器あるのに、全然楽じゃねーよ！」と内心、毒づく。

そして、「もし、彼女が、ジョイ ジェルタブを使っていたら…」とのテロップが出て、場面は巻き戻る。ママの様子は一変、「とっておきのグラタン作るから待っててね」「お皿のフチのチーズのこげたところとか、本当おいしいよね」「チーズも大盛にしておくね」「いーっぱい食べて大きくなってね」と優しく語りかける。

「怖い」「攻撃的すぎる」という意見と「わかる」と共感の声も。

Ｉ？　女性だけが台所にいるのでＩといえばそうなのですが、これは性役割分業規範が問題になったのではないので、４象限に入り込みません。子育てそのものの裏側を暴露したもの。私は笑えました。本当にいったら単なる児童虐待ですが、気持ちはわかりますし、ストーリー展開もうまいと思います。ただ子どもが見たらショックでしょうね。「えぇ〜、親ってこんなこと考えてるの!?」といわれてしまいました。見せた私がバカでした。洗剤のCMなのに「18禁」です。

2018年　キリンビバレッジ／ツイッターキャンペーン「午後ティー女子」

周りにいそうな「午後ティー女子」をイラストで描き、自分の周りにいると思ったり、私だと思ったらRTしてほしいと、ツイッターでキャンペーンを展開。

しかし、そのイラストが「モデル気取り自尊心高め女子」「ロリもど続編となる『結婚式篇』では、別の男性が思いつめた様子で結婚式場を訪れる。式の最中、ウエディング姿の女性に対し、「俺は……、俺は君のなんだったんだ?」と問う。すると、やはり「大事な……保険」ときっぱり。「不愉快だ」「男性蔑視は不問なのか」との批判が上がった。

Ⅳ　4章で言及。

2017年　ユニ・チャーム／「ソフィ」動画広告

女性向け動画メディアにアップしたPR動画で、男性に「彼女の生理中に困ったことがある?」というアンケート結果を発表。65%がYESと回答し、「旅行の予定がキャンセルになった」「隣に座ろうとすると距離をとられる」といった意見を掲載し、「そんなとき、タンポンなら大丈夫」と自社製品のPRへとつなげていた。が、「男性のために生理用品を選ぶの?」と批判的な意見が相次いだ。

Ⅱ　こうした異性からの視点を媒介とした訴求を女性向けにやると、男性向けより批判を浴びやすいのでしょう。

2018年　保険のビュッフェ／TVCM

今まさに出産しようとする女性のかたわらで、夫が「がんばれ。もうすぐだよ」と声をかける。が、頭の中では子どもが産まれた後の教育費などを計算。「場合によったら家買うくらいの金額がかかるなんてことは、今、俺は家を買おうとしているのか。大丈夫か?　大丈夫なのか?　FPに相談したい」と決意する。そして、看護師から「双子ですよ」と聞かされ、「えっ!」と驚くという内容。
「新しい命を産もうと必死になっている横でお金の計算をするなんて」と、不快だとの声が上がった。一方で、CMとしてはおもしろい、という評価も。

Ⅳ　私は好きです。これはお笑いネタとしては成立しているというのが個人的見解です。

2018年　ワコール／Wacoal　MEN記事広告

40代男性向けのウェブマガジンに掲載されたPR記事で、同社のマーチャンダイザーとサイトの編集長が対談。そこでは、男子用下着の素材感について「触るとすごいツルツル、これはエロいですえ」「す女尊男卑だとの指摘が相次いだ。

Ⅳ　４章で言及。家事育児をしない男性も悪いのですが、「小遣いくらい自分で稼げ」といいたくなります。「はたらけ！」ですね。

2017年　P&G／ファブリーズMEN　『エレベータートラップ』編

エレベーターの中でスーツを着た20代後半と思われる男性ひとりを、十数名ほどの女性が取り囲む。女性たちは、男性に顔を近づけてにおいを嗅ぎ、「くさっくさっ」「なんか酸っぱい」「焼肉食ったでしょ」「そのあとタバコ吸ったな」「これで得意先に行くんですか」と眉をひそめながら詰問する。
「男性は臭い」というステレオタイプを強調していると批判が上がるのと同時に、「どうしてフェミニストはこのCMを問題視しないのか」という声も。

Ⅲ〜Ⅳ　これも「保険のビュッフェ」と同じ、男性に外見／容姿などが求められるパターン。体臭のように自覚しにくいものに対して購買欲を作り出すには、こうして異性を媒介させるのが手っとり早いのでしょう。性別を逆にしたら絶対に成立しないCMです。

2017年　ウォータースタンド／『妻の贅沢篇』

ウォーターサーバーの水を使って夫の味噌汁を作ったり水筒の用意をする主婦。夫が出社すると、今度は自分のためにウォーターサーバーの水を使い「A5ランク和牛のすき焼き」「希少な白トリュフのスープパスタ」「最高級ウイスキーの水割り」を楽しむ。その後、夫が帰宅。「夫の晩御飯にも」というナレーションが流れるなか、夫は背中を丸めてカップ麺にお湯を注ぐ。「いまどきこんなCMあり？」と物議を醸した。

Ⅳ　「昼食は 妻がセレブで 俺セルフ」という句が、第一生命のサラリーマン川柳第19回（2006年）で１位となりました。自虐ネタなので大火災にはならないというパターンです。

2017年　保険のビュッフェ／TVCM

海岸でスーツ姿の男性にプロポーズをされ、「ハイ」と即答する女性。そこに、原付に乗った別の男性が駆け寄り、「俺は、俺はお前のなんだったんだ?」と問いかける。すると、一言「保険」と即答する。

で動画終了。
「18禁」「風俗店のよう」「宮城県民として恥ずかしい」といった批判の声が多く上がったが、県知事は「リスクを負ってでも見てもらおうということで賛否両論あって、既に36万アクセス。賛否両論あるのが成功につながっているのではないか」とコメントした。

Ⅲ　3章で言及。自治体が「炎上商法」のような手口をとるのはやめるべきだと考えます。

2017年　サントリースピリッツ／ふんわり鏡月

女性が居酒屋で上司に水割りを作りながら、カメラ目線で親しげに話しかけるシリーズCM。「誰よりも主任といる時間のほうが長いかも」といってお酒を作る『ずっと一緒篇』。女性が上司の酒の好みを把握していて「何年いっしょだと思ってるんですか!」と話す『おみとおし篇』などがある。
「酒を女性に作らせるのは女性蔑視」「不貞を想像させる」という批判が。

Ⅲ　3章で言及。男性の願望のみを表出したパターン。2人で飲んでいるので、嫌いな相手ではなく、また男性同士でもお酒くらい作るはず。お酒を女性に作らせただけでNGとは個人的には思いません。訴求層も男性のみと考えて、この路線を取ったのでしょう。石原さとみの出演するシリーズもののうちの数編で、話しかける相手は「主任」。さほど年齢差もないので、「こんなことがあればいいな」と思ってこの商品を買わせようとした。見た人が実際の女性にこんなことを求めないのなら、CMとしてはいいできだと思います。「頂」と同じ路線で、ある意味確信犯。発泡酒などと違い、購買層が男性と思われるからです。「お·み·と·お·し」のところ、好きです。すみません。(※個人の見解です)

2017年　JXエネルギー／ENEOSでんき『主婦の決断』編

友人とお茶を飲みながらくつろいでいる主婦が、「主婦ってさぁ、毎月自由に使えるお金って、少ないのよねぇ」と友人に同意を求める。そして、その解決策は2つあるとし、「安い電気に換えるか、稼ぎのいい夫に換えるか」といい、ドアの隙間から様子をおそるおそる覗いていた夫に目を向け、「本気よ!!」と啖呵を切る。恐怖で顔が引きつった夫の体が吹っ飛んでいくシーンで映像は終了。あまりに一方的な夫婦関係に、「呆れる」「不快だ」という声が上がり、男性蔑視、でミスをした後輩と飲みに行ってしまう。居酒屋では、携帯に妻からと思われる着信が入るが男性はスマホを確認し「大丈夫」といってスマホを胸ポケットへ。

帰宅した男性に対し、妻は「なんで飲んで帰ってくるかな」と呆れたように一言。男性は「風呂入ってくる」と返し、そのまま風呂場へ。入浴シーンでは、牛乳石鹸が大写しになった後、男性は気持ちを切り替えるかのように顔を洗う。

風呂から出ると、男性は妻に向かって「さっき、ごめんね」と謝罪。家族は改めて、息子の誕生日を祝い始める。その後、画面には「さ、洗い流そ。」とのキャッチコピーが表示され、動画は修了。

「がんばるお父さんたちを応援するムービー」との意図だが、「ただただ不快な気分になる」「子どもの誕生日に飲んで帰って来て何を洗い流すの!?」と批判の声が上がった。

Ⅳ　4章で言及。私も不快、かつ不可解です。

2017年　ユニ・チャーム／ムーニー『はじめて子育てするママへ贈る歌。』

「はじめて子育てするママへ贈る歌。」と題され、ある母親の日常が描かれる。育児の奮闘と苦悩が描かれた後、自分の指を握り返し、笑顔を見せるわが子を見て、母親は涙ぐみ、微笑む。そして最後、「その時間が、いつか宝物になる。」というコピーで終わる。

SNSでは、「ワンオペ育児を美化しないで」との批判が上がったが、一方で、「今の自分、過去の自分を見ているようで涙が出てきた」という声も。

Ⅰ　1章で言及。

2017年　宮城県／PR動画『涼・宮城（りょうぐうじょう）の夏』

浦島太郎をモチーフに夏でも涼しい宮城をPR。壇蜜演じる「お蜜」が、仙台・宮城観光PRキャラクターの「むすび丸」を「涼・宮城」に連れて行くという内容。唇のアップとともに「みやぎ、イっちゃう」「肉汁トロットロ、牛のし・た」「え、おかわり？　もう、欲しがりなんですから」などのセリフが流れたり、亀の頭をなでて「上乗ってもいいですか」のせりふの後に亀が大きくなるといったような描写もある。壇蜜の唇のアップと「あっという間にイケちゃう……」という言葉らしゃぶるのがうみゃあ」「肉汁いっぱい出ました」などと発言。すべてのパターンで、男性が勧めた「頂」を一口飲んだ女性が「コックゥ〜ん」と叫ぶ、というもの。

公開直後からサントリーの公式ツイッターには、「女子をバカにしすぎ」「気持ち悪すぎる」「AVのよう」といった批判の声が上がる。サントリーは公式サイトで、「視聴されたお客様からのご意見を受け、公開を中止いたしました。今回皆様からいただいたご意見を真摯に受け止め、今後の宣伝活動に活かして参ります」と謝罪文を掲載した。

> Ⅲ　男性の願望を投影したのでしょうが、こんな風に相席を求める女性なんているわけがなく……。アルコール度数が7％（のちに8％）と一般のビール等に比べて高いため、男性に直接訴求する必要があったのでしょう。

2017年　オルフェス／フェイスマスクCM

女性が坂道でリンゴを落としてしまい、通りがかった男性が拾い上げる……というシチュエーションで3バージョン制作されている。リンゴを拾ったイケメンが後ろから歩いてきた美人にリンゴを渡す『チャンス編』。同じくイケメンが拾い通りかかった美人に渡すが断られ、落とした女性に渡す『迷わせる編』と、リンゴを拾うのがイケてるとはいいがたい男性という『ピンチ編』の3種。容姿がすべてという価値観に批判が集まった。

> Ⅲ〜Ⅳ　男性に求められているのが稼得力（4章）ではなく、外見という点で「保険のビュッフェ」と同じパターン。男性役割の自虐ネタ、という意味で4章としていますが、訴求対象が女性で、批判が男性からなので、3章の裏返しのパターンということもできます。男性は経済力が求められる分、外見が婚姻のマーケットで大きな要素になりにくいのですが、将来の賃金が同じと考えられる空間では男性の外見も選別の要素になります。「わかるでしょ」と講義で話すと失笑が広がります。東大生の4対1という男女比は、こんなところで男性を選別する機能を果たします。

2017年　牛乳石鹸／ウェブブムービー『与えるもの』

あるサラリーマンの一日が描かれる。その日は、息子の誕生日。妻から頼まれたケーキとプレゼントは仕事の合間に用意。しかし、仕事うなぎを少女に擬人化し「僕」が大切に飼育するという物語で「ふるさと納税」のうなぎをPR。「児童ポルノのように見える」「女性差別的な内容ではないか？」との批判の声が寄せられ、公開から１週間足らずで削除。海外メディアでも大きく取り上げられた。

Ⅲ　3章で言及。

2016年　資生堂／インテグレートCM

25歳の誕生日を迎えた女性を、友人２人がお祝い。しかし、当人は憂鬱顔で、友人も「今日からあんたは女の子じゃない」と言い放つ。「カワイイという武器はもはやこの手には～ない!」だから、カワイイをアップデートしようというメッセージだったが、「女性の価値は若さだけなのか？」という批判が殺到。

また、仕事をしている女性に男性上司が「今日もがんばってるねえ」と声をかけつつ、「それが顔に出ているうちはプロじゃない」という別バージョンに対しても、「女性はどんなに疲れていてもキレイであらねばならないの？」と否定的な意見があがった。

Ⅱ　2章で言及。

2016年　東京メトロ／イメージキャラクター「駅乃みちか」

「23歳の東京メトロサービスマネージャー」という設定で、2013年から公式キャラクターとなっていた「駅乃みちか」。オリジナルは３頭身のイラストだったが、玩具メーカーとのコラボ企画で萌え絵化。東京メトロの制服を着ているものの、スカートが透けているように表現されネット上で話題となった。

東京メトロは玩具メーカーに修正を依頼、スカートの着色が変更された。

Ⅲ　公共性の高い組織が萌え絵を使うときには要注意、というのが一連のことからわかる法則です。

2017年　サントリー／頂 広告動画『絶頂うまい出張』

舞台設定は、出張先の居酒屋。相席になった女性と食事をしながらおしゃべりをするという男性の視線で描かれる。北海道、東京、神奈川、愛知、大阪、福岡の6パターンあり、女性は焼きとうもろこしやめんたいこ、手羽先といったご当地の名物を頬張り、「お酒飲みながアニメの舞台が美濃加茂市ということもあり、同作と市は以前からコラボを続けており、当該のイラストも以前から使用していたものとか。ポスター公開から約1か月、地元民からの批判はなかったそうで、批判の多くは地元以外の人たちだと考えられている。

Ⅲ　碧志摩メグと同じパターンになります。人口約5万7千人（2020年）くらいの市ですから。

2015年　SUBARU／フォレスターCM『父の挑戦』

突然、サーフィンを始めた夫。海に入り、何度も失敗しながらボードの上に立ち上がろうと繰り返す姿を、妻と子どもはクルマから見ている。

ついにボードの上に立ち、波に乗ることができた父親に、子どもは「立った」と歓声を上げる。帰り道、妻が運転するクルマの後部座席には、父親と子どもが眠りに落ちている、というもの。「男尊女卑」「離婚もの！」という批判と同時に、好意的に受け止める意見も多数。

Ⅳ　4章で言及。私もこの帰り道の運転を喜んでやってくれる女性がたくさんいるとはとうてい思えません。

2016年　POLA／リクルート映像『これからだ、私。』篇

人ごみに立つ女性、コピー機の前に立つ無表情な女性、会議出席者のコーヒーカップを無言で片づける女性、デスクに腰掛け疲れた様子でおなかをさする妊娠中の女性、化粧室でうなだれる女性。その背後で、次のナレーションが流れる。

「この国は、女性にとって発展途上国だ。限られたチャンス、立ちはだかるアンフェア。かつての常識はただのしがらみになっている。それが私には不自由だ。迷うな、惑わされるな。大切なことは私自身が知っている」

「なんか刺さった」「励みになった」という声もあれば、「女だからフェアに扱われてないって甘え。能力が低いだけ」「女性専用車両とかレディースデイとかあるのに、どれだけ優遇されたいの」という批判の声も。

Ⅱ　第2弾（2017年）、第3弾（2018年）とともに2章で言及。

2016年　志布志市／うなぎふるさと納税WEBCM『少女U』

れてるなあ、残業？」と声をかけられ、巻き髪のカワイイ系女性社員と比較しながら、「大丈夫だよ、需要が違うんだから」といわれる。主人公が鏡を見て「最近サボってた？」と反省するところで1話終了。「変わりたい？　変わらなきゃ」というメッセージだったが、「もう、ルミネで買い物をしない」という声も上がるほどの大炎上。3日で動画は削除。予定されていた続編も公開されなかった。

> Ⅱ　2章で言及。よりによってルミネです。JR東日本の子会社で首都圏の主要な駅に隣接しており、働く女性が多く利用する店舗ですから、購買層の反応を読み間違えたとしか思えません。

2015年　サイボウズ／ワークスタイルムービー第二弾『パパにしかできないこと』

評判を呼んだ第一弾の続編。女性のところへ同僚男性が子どもの動画を見せる。今朝も保育園に送ってきたという男性に「お、イクメンしてるね」と女性。すると、「いろいろ手伝ってるんだけどさ。なんかいつも怒られるんだよね」とグチる。すると、「手伝うねぇ……」と女性。女性は自身の子育ての大変さを思いながら、「ありがたいと思っていると思うよ」「でも、みんな本当にしてほしいのは、実はママのケアなのかも」「たまには、奥さんのことギューとかしてあげてください」と男性にアドバイスをする。
「がっかりした」「ギューで解決するのか？」「保育園を送るだけでイクメン？」と不評を買った。

> Ⅳ　「ギュー」が大事なのは否定しませんが、男性に対する要求水準が低すぎます。これで「反省」はないでしょう。

2015年　岐阜県美濃加茂市／観光ポスター

岐阜県美濃加茂市が制作したスタンプラリーのポスターに対し、ネット上で批判の声が上がり、観光協会は駅に掲示されていたポスターを撤去した。

ポスターに起用されたのはアニメ『のうりん』に登場する巨乳美少女キャラ。襟元が大きくあいたワンピースを着て、胸が強調されるポーズ、さらに胸元や頬が紅潮して描かれていたため、「煽情的に見えるイラスト」「町おこしのイラストとして不適切」といった批判が寄せられた。

ンを展開、恋愛ドラマ仕立てのCM動画を制作。曇天の砂浜、女性が足早に歩く男性のあとを追いかけるが、男性は振り返りもしない。ときおり、笑顔の女性の映像がはさみこまれ、どうやら、男性には別の思い人がいるよう。男性に向かい、女性はこんな言葉を投げかける。「私のことも大切にしてよ！　あの子と別れてなんて言ってないじゃん！」「私ともメールしてよ！」

男性が心変わりした女性が着ているのは、メッセージアプリ「LINE」を思わせる緑色のカーディガン。自虐的な内容に注目が集まったが、ほどなくして非公開となった。

> Ⅰ　4章で言及。性別が逆なら、「保険のビュッフェ」のような自虐ネタとして成立するのですが。

2015年　明星食品／カップ焼きそば「一平ちゃん」

人気の若手女優がカップ焼きそばへマヨネーズをかけた後、「全部でたと？」と問いかける。「かわいい」と評判になったが、同時に、白い液体を出した後のこのセリフはわいせつ過ぎるとネットで話題に。ほどなく、「好きな人おると？」に変更された。

> Ⅲ　カップ焼きそばは主に男性が消費する商品なので、踏み込んだのでしょう。CMの届く範囲を読み間違えたとしかいいようがありません。

2015年　ファッション通販サイト・ロコンド／TVCM

家で試着でき、30日間は返品無料というサービスのPR。届いた商品を確認して満足する母と子。子どもが膨れっ面をしながら、ソファーで寝る父親を見ながら「パパは返品ね」と話す。「男はぞんざいに扱っていいという風潮」「不快」「『ママは返品』だったら秒で打ち切りだぞ！」という批判が一部で起こった。

> Ⅳ　確かにもし「ママは返品」だと即時アウトでしょう。パパだとOKなのは自虐ネタにとれるから。しかし味の素から牛乳石けんまで男は家事もせず夜は不在なのに、「返品」だけは困るのでしょうか？　返品される程度にしか家族と関わっていないのに。

2015年　ルミネ／キャンペーン動画『働く女性たちを応援するスペシャルムービー』

ボーダーでパンツ姿の女の子が主人公。朝、上司らしき人物に「疲

2014年　旭化成ホームズ／共働き家族研究所『妻の家事ハラ白書』

共働き・子育て夫婦を対象に行った実態調査の結果を、短い動画とともに紹介。その内容は、料理をする夫に、「かくし味とかいらないからね」と釘を刺したり、掃除をする夫に、「早く終わったね。ちゃんとやってくれた？」と確認したりというもの。男性からは共感があったが、家事は女性が担うものという前提に立っていること、「家事ハラ」という言葉の本来の意味を誤っていることなどから炎上。公開予定を繰り上げて終了した。

Ⅳ　4章で言及。

2014年　花王／アタック　ウルトラアタックNeoCM『広がっています』篇

商品の洗浄力の高さを、さまざまな立場のママがコメントしていく。「育休明けママ　会社員」が、「仕事に行く前にやること全部すませて家を出られるようになりました」といえば、「幼稚園ママ　主婦」は、「朝、とにかく忙しくなったから、すごく助かってます」。そして、「部活応援ママ　女優」は「今日も練習、明日も練習でしょ。でもちゃんと洗って間に合っちゃう！」とも。忙しくても高い洗浄力で短い時間でキレイになるというのを強調したようだが、「洗濯はママがするもの」という印象が強調され、「もやもやする」といった声が。

Ⅰ　典型的な現状追認。

2014年　人工知能学会／学会誌『人工知能』2014年１月１日号

学会誌2014年１月１日号の表紙イラストに描かれていたのが、背中にプラグを刺した女性型アンドロイドが手にホウキを持ち掃除する姿。「男性の性幻想丸出し」「女性差別に見える」との指摘がネット上で起こり、話題になった。

Ⅲ　学会誌の表紙という公共性を考えると少し深刻です。瀬地山角「女は家事、男は仕事」は、誰に対する差別？」東洋経済オンライン2014年1月16日で取り上げています。

2015年　NTTドコモ／CM動画「あの子と別れてなんて言ってないじゃん。」

NTTドコモが自社のメールストアの利用促進を目的にキャンペー

ーションで「自分の望み通りの道を歩める者もいれば、そうでない者もいる」「進路はときに不平等な現実を突きつけてくる」と語った直後、食肉工場に出荷されることが決まった男子生徒が泣き叫ぶといったシーンも。
「気持ちが悪い」「これが冗談で、日本社会のパロディだとしても、風刺効きすぎで見ていてつらい」といった意見のほか、主人公の女子生徒が「ブレンディ」に配属されることが決まった際に男性教員が「濃い牛乳を出し続けるんだよ」とメッセージを送っていることや、走る女子生徒を横から撮影したことで胸の揺れが目立っている撮影方法など、性差別を助長するつくりになっているという指摘も。一方で、世界の広告祭「アドフェスト2015」フィルム部門で「ゴールド」を受賞。映像としては評価する声もあった。

Ⅱ〜Ⅲ　これはおもしろいCMで、私は評価します。批判されるとすると女の子の胸を強調しすぎた箇所になります。このCMをさして「風刺が効きすぎ」となると、個人の判断の領域かもしれません。「食肉工場行き」で荒れるあたり、そうやって出荷される牛さんたちをいつも食べているわけで、たしかに牛にとってはそうだよなぁと感じ入りました。序章に書いた理由で、ブレンディは口にできませんが。

2014年　サイボウズ／ワークスタイルムービー第一弾『大丈夫』

同社がワーキングマザー応援のために制作。子どもが熱を出し、急いでお迎え。やらなければいけない仕事は山積み。明日は休めず、どうしようと思いをめぐらしていると、子どもが「ママ、大丈夫？」と声をかける。そこで、「私は大丈夫だろうか？　きちんとお仕事ができているだろうか？　ちゃんと君を愛せているだろうか？　自分を愛せているだろうか？」と自問し、「大丈夫、大丈夫」と自らに言い聞かせる。「感動した」という声が多数だったが、一方で、「ますます、子どもを産みたくない」「夫は何してんの？」という意見もあった。

Ⅰ　ムーニーとまったく同じです。サイボウズは社長の青野慶久が国際結婚では別姓が認められるのに、日本人同士で認められないのは差別だという法理で男性としてはじめて夫婦同姓を違憲と訴える訴訟を起こしました。そういう意味で注目している会社ですが、ここで男性の関与を何も出さないとなると現状の追認になってしまいます。

2012年　味の素／企業CM『日本のお母さん』篇

あるお母さんの一日が、描かれる。朝、子どもたちの朝食と弁当の準備をし、子どもたちに朝食を食べさせている間に洗濯。3人乗りの自転車で保育所に駆け込み、あくびをしながら通勤をし、夕方、保育所にお迎えに行き、夕飯の支度をして……夕食にも父親は不在。家事育児は母親のものという性別役割の固定という批判が殺到した。

> Ⅰ　40年もたって「私作る人、僕食べる人」が再現されるとは思いませんでした。この本の出発点でもあります。

2013年　アサヒビール／クリアアサヒ プライムリッチ

女優がアップで「ねぇ、リッチしよう」と呼びかけるというシンプルなCM。このセリフが「Hしよう」に聞こえるとネットで話題に。そのためか、一時期はセリフがカットされたバージョンが放送された。

> Ⅲ　「聞こえる」のではなく、狙ったわけですが、性的なメッセージが強すぎたのでしょう。ただ2010年に同じ案件で「話題」になっているので、ここはもう確信犯ではないでしょうか。多少女性から反発を食らっても話題にしたいという姿勢を感じます。

2013年　ホクト／TVCM『菌活シリーズ』

スーパーで買い物をしている女性の背後に立つ男性。「奥さん！口コミを入れるよ」「普通のキノコと立派なキノコ、味がいいのはどっち？」と囁く。男性は「どっちもいっしょよ！」と争う女性の手を股間に……と思いきや、「こっちだ」とホクトのキノコを触らせる。女性は「立派……」とよろめく。短期間で放送が終了し、動画サイトではCMとしては異例の再生回数を記録。同様のテイストのシリーズCMは複数制作されている。

> Ⅲ　スーパーで買い物をする女性をターゲットとする商品としては性的なメッセージが強すぎます。男性を含めてウケを狙ったのでしょうか？

2014年　味の素ゼネラルフーヅ／ブレンディCM 挽きたてカフェオレ『旅立ち篇』

牛を擬人化し、鼻輪をつけた高校生たちの物語。卒業式で進路を告げられ、動物園で働くことになり喜ぶ女子生徒がいれば、闘牛場だと告げられて暴れる不良と思しき男子生徒もいて悲喜こもごも。ナレう」に変更された。

Ⅲ　わざわざ「ブラジャーが透ける」となると、違和感を持つ人がいるのは想像できるのではないでしょうか。むしろそれを狙ったのでしょうが、商品の性質上、違和感を持つ女性層をなぜ読み込めなかったのかが疑問です。

2008年　おやつカンパニー／地元伊勢の国うす焼えびせん

伊勢に出張した夫が買ってきたお土産のうす焼きえびせんを、妻が夫ではない男性と食べるという内容。視聴者から「不倫を題材にしたコマーシャルはスナック菓子としてふさわしくない」との抗議が。同社は「コミカルに演出したつもりだった」「ふさわしくないものを扱って不愉快な思いをさせた。チェック体制を整える」とコメント。放送回数10回の予定を３回残して終了した。

Ⅲ　後述の2017年サントリー「頂」と同じ不倫ネタ。双方当事者の合意のみがその性交渉を正当化するという性的自己決定権を最優先するのが私の立場です。したがって夫婦間にも強姦（強制性交）が認められるべきで、不倫は勝手に夫婦げんかしてくれ、となります。『たまひよ』がOKなら、不倫ネタを描いたらだめとは個人的には思いませんが、まぁそう考えない人が多いというのは理解できます。男性が飲むアルコール飲料ではなく、お菓子なので消費者に女性が多くなり問題になったのでしょう。

2010年　アサヒビール／くつろぎ仕込

家でくつろぐ様子が男性視点のカメラワークで描かれる。ソファーに座る男性に膝枕をしてもらっている女性。体を移動させ、カメラ（男性）を見つめながら「くつろぎ仕込み飲も」と声をかけるというもの。そのとき、女性の手が男性の股間近くにあるとのことで、「ハレンチ」「不快」との抗議が寄せられた。

Ⅲ　女性が見るからでしょうね。発泡酒や第３のビールは飲むのは男性ですが、買うのは女性という商品。なので水着の女性が広告に出たりはしません。そこでマーケットを読み間違えたとしかいいようがありません。『たまひよ』がOKなら、これもOKということはできます。ただメッセージがあまりに男性向けなので、批判を浴びたのでしょう。

1999年　森永製菓／Morinaga ICE GUY

海辺に止めたクルマの中で、女性が商品のアイスを一心不乱になめながら、服を脱ぎ、水着姿でビーチに駆け出すというCM。その映像や演出が性的であるとの指摘があがった。放送は1カ月で終了。メーカーは「打ち切りではない」としている。

> Ⅲ　宮崎美子のミノルタ「X−7」（1980年）と同じだと考えると、世の中が認める均衡点が変化したということになります。むしろミノルタの方が「盗撮だ」と批判されそうです。ただアイスのなめかたが性行為を連想させる点で違和感を覚える人もいるでしょう。

2001年　トヨタ自動車／ガイア

ギリシア神話の一家が登場するシリーズCMを展開。そのうちの1本に「パパはいらないわ」というセリフが登場し、既婚男性から不評を買うことに。

> Ⅳ　「亭主元気で留守がいい」の定番路線。「ENEOSでんき」とも変わらないのですが、違うのは訴求層が男性なのにこれをやっているところ。「フォレスター」が通用してしまうことの裏返しになります。

2006年　ベネッセコーポレーション／たまごクラブ・ひよこクラブ

『たまひよ』創刊13周年を記念して制作された特別CM『チュー編』。ママが赤ちゃんの頬にキスをし、パパが赤ちゃんの頬にキスをする。そのあと、パパとママのキスシーンがアップとなり、「幸せ、かもね。」というテロップが出される。夕刊紙が「ネット上でCM『エロい』と大騒動」と報じた。

> Ⅲ〜Ⅳ　4章で取り上げましたが、ある意味ではどれにも属さない、性的なメッセージの是非そのものの問題です。ゾーニングの必要はあるのかもしれませんが、この程度でNGになるのは違和感があります。それ以前に単に夕刊紙がネタになると喜んだだけなのではないでしょうか。

2007年　日本コカ・コーラ／からだ巡茶

「ブラジャーが透けるほど汗をかいた最後っていつだろう？」というナレーションとともに、フラフープを楽しむ女性たちが映し出される。一部の消費者から「不快」との指摘をうけた。問題は、「ブラジャー」という単語だったようで、「こんなに汗をかいた最後っていつだろ問題となったポスターのひとつは、トレンチコートを着た女性が後ろ手に縛られてうつ伏せで横たわっているもので、「五大陸の男と関係アリ」とのキャッチコピーが添えられていた。もう1点は、女性が男性にはがい締めにされ、黒手袋で口を押さえられているというもの。抗議を受けた同社は「新しい商品の誕生をイメージしたもので、性差別を意図した広告ではなかった」と説明していたが、後日「女性に対する暴力として受けとめられたことに申し訳なく思っている。今後、社内のチェック体制の強化を図る」と謝罪した。

Ⅲ　駅で見た記憶があります。男性向けとはいえ性暴力を連想させるとなると、さすがに広告としてはマイナスです。まだインターネットのない時代、訴求層は男性なので、その中だけなら大丈夫だと思ったのでしょう。

1996年　日産自動車／スカイライン

女性が赤い花束で男性の頬を打ち、「男だったら、乗ってみな。」とクルマのキーを投げる。このキャッチコピーに対し、「男女差別」とのクレームがついた。また、一部で、「性行為をイメージさせる」という声も。その後、コピーが「キメたかったら、乗ってみな。」に変更された。

Ⅳ　私は運転が下手なのでこんな風に鍵を渡されたらまず「こすったりしないかな」と心配になります。ちなみにパンクしたとき男性は自力でなんとかしなければいけないのですが、女性は誰かを呼べばいいと思っていないでしょうか。力がなくてもジャッキは動くわけで……。

1997年　FUJI FILM／写ルンです

夏祭りの土手、男性が女性に「前から言おうと思っていたんだ」と自分が火星人であることを告白。すると、女性は「いいわ」「近頃私、地球の男に飽きたところ」と伝える。その後、「長男じゃないわよね」と確認する。このセリフに、「長男では結婚しにくいのか」とクレームがついた。

Ⅳ　「地球の男に飽きた」はピンク・レディーの「UFO」(1977年)から。私も長男ですが、まぁこの程度なら冗談で流せると思います。長男と次男以下で姑との関係がどうなるか、地域差が大きいとは思いますが、2020年代の大都市部ではそれほど重要な要素ではないはずです。

【巻末付録　広告の“炎上”史】

1970年代以降、ジェンダー的観点から話題、問題となったCMのリストです。私がこれらすべてについてダメだと考えているのではありません。

吹き出しの中のローマ数字は、本書で説明したⅠ～Ⅳのどの象限にあたるかを示しています。

1975年　ハウス食品／シャンメン

女性と女の子が踊りながら、「作ってあげよう　シャンメン　for ユー」と踊ったあと、自らを指差し、「私、作る人」と言い、それを受けて、男性が「僕、食べる人」と言う。「国際婦人年をきっかけとして行動を起こす女たちの会」の抗議を受け、１カ月ほどでCMの放送は中止された。

> Ⅰ　私自身の出発点でもあります。

1981年　東京都清掃局／空き缶ポイ捨て防止ポスター

男性の背にすがり「捨てないで」と懇願する女性をモデルにした、空き缶ポイ捨て防止のポスターに対し、「国際婦人年をきっかけとして行動を起こす女たちの会」が抗議。撤去された。

> Ⅲ　東京都の公共性を考えると少し度がすぎます。

1989年　三楽（現メルシャン）／ローリングK

馬に乗った数人の男性カウボーイが一人の女性を取り囲むというTVCMと、板の上に横たわる泥だらけの女性のポスターに対して、レイプを連想させるという抗議の声が上がった。ポスターは撤去され、TVCMも中止となった。

> Ⅲ　泥だらけにされる側になってほしいと思います。これが男性だと作りをうまくやれば自虐ネタに変えられるのかもしれませんが。

1992年　オンワード樫山／「五大陸」ポスター

男性用コートの広告ポスター２点に対し、「行動する女たちの会」が、「女性を侮辱し、レイプを連想させる」と抗議した。

巻末付録——広告の〝炎上〟史

瀬地山 角（せちやまかく）
1963年生まれ、奈良県出身。東京大学大学院総合文化研究科博士課程修了、学術博士。北海道大学文学部助手などを経て2009年より東京大学大学院総合文化研究科教授。この間にソウル大に留学、ハーバード大、カリフォルニア大バークレー校で客員研究員。専門はジェンダー論。主な著書に『ジェンダーとセクシュアリティで見る東アジア』（編著）、『お笑いジェンダー論』『東アジアの家父長制』（いずれも勁草書房）など。大学の講義は受講者が500人を超える人気講義。「子道具」を連れて北海道から沖縄まで講演に出かけたことも。爆笑が起きる講演で人気がある。

炎上CMでよみとくジェンダー論

2020年5月30日初版1刷発行
2022年12月30日　5刷発行

著　者 ― 瀬地山角
発行者 ― 三宅貴久
装　幀 ― アラン・チャン
印刷所 ― 堀内印刷
製本所 ― 国宝社
発行所 ― 株式会社光文社
東京都文京区音羽1-16-6(〒112-8011)
https://www.kobunsha.com/
電　話 ― 編集部03(5395)8289　書籍販売部03(5395)8116
業務部03(5395)8125
メール ― sinsyo@kobunsha.com

 ISBN 978-4-334-04469-5

光文社新書

1035
生命保険の不都合な真実
柴田秀並

人の安心を守るために生まれた生命保険が、人の安心を奪う――。大手や外資、かんぽ生命などの相次ぐ不祥事の背景にある、顧客軽視の販売構造と企業文化を暴く。

978-4-334-04443-5

1036
恥ずかしながら、詩歌が好きです
近現代詩を味わい、学ぶ
長山靖生

詩を口ずさみたくなるのは若者だけではない。歳を重ねたからこそ心に沁みる詩歌がある――。時代を作ってきた近現代詩歌を引きつつ、詩人たちの実人生と共にしみじみと味わう。

978-4-334-04444-2

1037
宇宙は無限か有限か
松原隆彦

宇宙は無限に続いているのか、それとも有限に途切れているのか。「果て」はあるのかないのか。現代の科学では答えの出ていない〝未解決問題〟を、最新の宇宙論の成果を交えて考察。

978-4-334-04445-9

1038
バンクシー
アート・テロリスト
毛利嘉孝

21世紀のピカソ？ 詐欺師？ ビジネスマン？ 反体制のヒーロー？ いったい何者なのか？ 活動の全体像、文化的文脈とは？ 多くの謎に包まれたアーティストに迫る格好のガイドブック。

978-4-334-04446-6

1039
つつまし酒
懐と心にやさしい46の飲み方
パリッコ

人生は辛い。けれども、そんな日々にも「幸せ」は存在する。いつでもどこでも、美味しいお酒とつまみがあればいい。「飲酒」と「酒場」を愛するライターによる〝ほろ酔い〟幸福論。

978-4-334-04447-3

1040
美を見極める力
古美術に学ぶ
白洲信哉

いまブームの日本美術。西洋美術との大きな違いは、実際に使うことで「美」を育てていくところにある。目利きになるための最良の入門書にして「特異な美」の深みへといざなう一冊。

978-4-334-04449-7

1041
続・秘蔵カラー写真で味わう60年前の東京・日本
J・ウォーリー・ヒギンズ

もっと見たい！の声に応え続編。蔵出しのプライベート・フィルムの傑作も加え、選りすぐりの544枚を惜しみなく公開。東京&全国各地の昭和30年代の人々と風景がカラーで蘇る。

978-4-334-04450-3

1042
東大医学部卒ママ医師が伝える科学的に正しい子育て
森田麻里子

ママであり医師でもある著者が、医学論文約170本を徹底リサーチして生まれた、いま最も「使える」育児書。世界の最新研究を知るだけで、もう育児に迷わない！　楽になる！

978-4-334-04452-7

1043
アルゲリッチとポリーニ
ショパン・コンクールが生んだ2人の「怪物」
本間ひろむ

「生きる伝説」2人はどんな人生を歩み、演奏スタイルを追求してきたのか。音楽的事象を軸に綴りながら、20世紀後半から現在までのクラシック音楽史を描き出す。【名盤紹介付き】

978-4-334-04453-4

1044
アイロニーはなぜ伝わるのか？
木原善彦

「言いたいことの逆」を言っているのに、なぜ相手に意図が伝わるのか？　人間が操る修辞の、技術的な結晶であるアイロニーの可能性を、古今東西の文学を通じて探っていく。

978-4-334-04454-1

1045
21世紀落語史
すべては志ん朝の死から始まった
広瀬和生

「志ん朝の死」で幕を開けた21世紀の落語界。その現在に至るまでの出来事を、落語ファンとして客席に足を運び続けた立場から振り返り綴る。「激動の時代」を後世に伝える一冊。

978-4-334-04455-8

1046
中学の知識でオイラーの公式がわかる
鈴木貫太郎

天才の数式は最低限の知識で誰でもわかる。数学0点で再生2200万回超のユーチューバーが保証。動画もあるから迷わない。目指すのは丸暗記ではなく真の理解。予習ナシで今出発!

978-4-334-04456-5

1047
御社の新規事業はなぜ失敗するのか?
企業発イノベーションの科学
田所雅之

「3階建て組織」を実装できれば、日本企業はイノベーティブに生まれ変わる——ベストセラー『起業の科学』の著者が大企業に舞台を移し、新規事業を科学する!

978-4-334-04457-2

1048
首都圏大予測
これから伸びるのはクリエイティブ・サバーブだ!
三浦展

本当に人を集める力のある街はどこか? 首都圏在住者への大規模調査とフィールドワークを通じてわかった、東京郊外の趨勢を忖度なしの徹底予測。

978-4-334-04451-0

1049
体育会系
日本を蝕む病
サンドラ・ヘフェリン

パワハラ・忖度・過労自殺・組体操事故・#KuToo…不合理な同調圧力は学校から始まる。愛する日本が先進国であるために、負の連鎖を破る特効薬を日独ハーフの作家が緊急提言!

978-4-334-04458-9

光文社新書

1050
ONE TEAM（ワンチーム）のスクラム
日本代表はどう強くなったのか？
増補改訂版『スクラム』
松瀬学
2019年の流行語大賞にも輝いた「ONE TEAM」。その象徴はスクラムだ。長谷川慎コーチ、堀江翔太、稲垣啓太、具智元が明かす、フィジカル勝負、心理戦、頭脳戦の攻防。
978-4-334-04460-2

1051
段落論
日本語の「わかりやすさ」の決め手
石黒圭
段落を意識すると、文章力はもちろん、読む力や話す力までも伸ばすことができる――思考をわかりやすく整理してくれる「段落」の可能性を、日本語研究の第一人者が明らかにする。
978-4-334-04461-9

1052
期待値を超える
僕が失敗しながら学んできた仕事の方法
松浦弥太郎
情けない失敗だって、むしろチャンスなんだ。仕事で苦しい思いを抱えていても、自信は取り戻せる。元『暮しの手帖』編集長による、勇気がわいて少しだけ前向きになれる仕事論。
978-4-334-04462-6

1053
女性リーダーが生まれるとき
「一皮むけた経験」に学ぶキャリア形成
野村浩子
女性の思考と行動が社会を変える――。四半世紀にわたって女性リーダーの取材を続けてきた著者が国内外の女性役員にインタビュー。キャリア形成のヒントを探る。【推薦・金井壽宏】
978-4-334-04463-3

1054
自己分析論
高橋昌一郎
「私とは何か」は答えのない問いだから、日本の学生が苦しんで当然。就活で便利ツールを使った攻略法から人生における「本当の自分発見」まで。探究を続ける人のための道案内。
978-4-334-04464-0

光文社新書

1055
搾取される研究者たち
産学共同研究の失敗学
山田剛志
突然届いた特許の「権利放棄書」、企業からの無理難題、研究者を守らない大学、心を病む助教、院生、学生……。産学共同研究政策は、研究者のためになっているのか?
978-4-334-04465-7

1056
芸術的創造は脳のどこから産まれるか?
大黒達也
創造性とは何か? 脳科学や計算論、人工知能に関する膨大な論文を通じて、「天からの啓示」とされる閃きのメカニズムを解析。カギは「脳の潜在記憶」にあった。
978-4-334-04466-4

1057
「自分らしく生きて死ぬ」ことがなぜ、難しいのか
行き詰まる「地域包括ケアシステム」の未来
野村晋
何が「地域包括ケア」の実現を不可能にしているのか。現役厚労官僚が柏市や岡山市での実践を基に具体的な行政手法を紹介。自治体や医療・福祉関係者、企業や市民に次の一歩を促す。
978-4-334-04467-1

1058
ぼくが見つけたいじめを克服する方法
日本の空気、体質を変える
岩田健太郎
自らもいじめられっ子だったという著者が、数々の経験の末に導き出した克服法とは。ダイヤモンド・プリンセス号の告発で注目の感染症医による、同調圧力を打ち破るための一冊。
978-4-334-04474-9

1059
ホークス3軍はなぜ成功したのか?
才能を見抜き、開花させる育成力
喜瀬雅則
千賀滉大、甲斐拓也、牧原大成、石川柊太、周東佑京、大竹耕太郎——なぜホークスだけが3軍制で大成功を収めたのか? 多くの選手・関係者への取材を元に解き明かす。
978-4-334-04470-1

1060
管理栄養士が伝える
長生き食事術
人生100年時代の「新・栄養学」入門
麻生れいみ

「食」を変えればカラダと人生が変わる――。明日の健康を手に入れる、未来の病気のリスクを減らすための「日常生活で何をどう食べるか」。シーン別の食事マネジメント術も公開。

978-4-334-04471-8

1061
深宇宙ニュートリノの発見
宇宙の巨大なエンジンからの使者
吉田滋

南極点の氷河に突き刺さった「宇宙からの使者」とは？ 日本の物理学分野の最高峰・仁科記念賞を受賞した著者による、「高エネルギーニュートリノ」の発見をめぐるスリリングな物語。

978-4-334-04472-5

1062
フェイクニュース時代を生き抜く
データ・リテラシー
マーティン・ファクラー

虚偽に流され情報の蛸壺に陥らない方法をNYタイムズ元記者が指南。V字回復した同社にメディア再興の道も探る。日本の新聞は権力を離れて調査報道に注力し、紙信仰を捨てよ！

978-4-334-04473-2

1063
業界破壊企業
第二のGAFAを狙う革新者たち
斉藤徹

アマゾン、ウーバーなどに代表される、業界秩序や商習慣にとらわれず、斬新なビジネスモデルやテクノロジーによって、業界で〝一人勝ち〟する企業を一挙紹介。【大前研一氏、推薦】
978-4-334-04475-6

1064
歴史秘話
外務省研修所
知られざる歩みと実態
片山和之

外交官・人間としての「7つの美徳」と『勘』の養い方」とは？ 華やかな外交の表舞台の対極に位置し、国家の命運をも左右しかねない「黒子の存在」を、現役の所長が初めて綴る。

978-4-334-04434-3

1065
笑わせる技術
世界は9つの笑いでできている
西条みつとし
「共感」「自虐」「裏切り」「安心」「期待」「無茶」「発想」「リアクション」「キャラクター」――日常会話から合コン、商談、スピーチ、お笑いのプロを目指す人まで使える新教科書。
978-4-334-04459-6

1066
「高学歴ワーキングプア」からの脱出
水月昭道
『高学歴ワーキングプア』刊行から13年、研究者であり僧侶でもある著者が、紆余曲折ありながらも行き着いた境地とは？　元ポスドク、前野 ウルド 浩太郎氏との対談を収録。
978-4-334-04476-3

1067
日本の少子化対策はなぜ失敗したのか？
結婚・出産が回避される本当の原因
山田昌弘
1・57ショックから30年、出生率の低迷が続く日本。家族社会学者である著者が、少子化対策の的外れだった点を分析。いま直視すべき、日本に特有の傾向・意識、そして変化とは？
978-4-334-04468-8

1068
炎上ＣＭでよみとくジェンダー論
瀬地山角
炎上する広告には必ず理由があり、近年その多くがジェンダーへの無理解を背景としている。炎上の構造を4つの象限で捉え直す、東大名物講義の「番外編」。
978-4-334-04469-5

1069
日本の映画産業を殺すクールジャパンマネー
経産官僚の暴走と歪められる公文書管理
ヒロ・マスダ
「日本再生の柱」と叫ばれたクールジャパン政策はなぜ失敗したのか？　現役映画プロデューサーが官民の腐敗と怠慢を暴くとともに、「現場」に効く改革案を提言する。
978-4-334-04448-0